Don Gossett

Berührt von Jesu Liebe

Verlag C. M. Fliß
Lütt Kollau 17, D-2000 Hamburg 61

1. Auflage 1986
2. Auflage 1988
3. Auflage 1993

Titel der Originalausgabe: If nobody reaches
                          nobody gets touched
Übersetzung: Roland Renz, Berlin
Umschlag: Litera, Wiesbaden
Satz: Typostudio Gerhard Schröder, Puderbach
Druck: Printed in Germany

© 1983 by Don Gossett
published by Whitaker-House, Springdale
© der deutschsprachigen Ausgabe 1985
by Verlag C. M. Fliß, Lütt Kollau 17,
D-2000 Hamburg 61

ISBN 3-922349-29-3

Vorwort

Vor ein paar Jahren war unsere Enkelin Jennifer mit ihrem kleinen Bruder Alexander bei uns zu Besuch. Joyce und ich paßten auf sie auf, während ihre Eltern zur Feier ihres Hochzeitstages nach Victoria in British Columbia gefahren waren.

Am dritten Tag sollten wir Ken und Jeanne von der Fähre abholen. Wir halfen Jennifer und Alexander in ihre ‚Sonntagskleider' und machten uns ausgehbereit. Die Kinder und ich gingen zum Auto und warteten auf Oma.

Dann fiel mir auf, daß Krys, unser Hund, draußen umherlief. „Kinder", sagte ich, „ich bringe Krys mal in die Garage, aber ihr bleibt hier im Auto."

Jennifer protestierte: „Opa! Ich will mitkommen!"

„Nein", gab ich streng zurück. „Du bleibst im Auto."

Zu meinem Ärger hüpfte Jennifer mit heraus, als ich die Tür aufmachte, und sprang auf den Hund zu. Wahrscheinlich zum ersten Mal in ihrem jungen Leben bekam sie von ihrem Opa einen strengen Verweis.

Laut sagte ich: „Jennifer! Marsch ins Auto! Wenn du dich hier draußen schmutzig machst, bekommst du Krach mit Oma!"

Still und widerwillig kletterte Jennifer zurück ins Auto.

Ich rief Krys in die Garage und schloß die Tür. Dann ging ich zum Auto zurück. Es war ungewöhnlich still darin, offensichtlich die Nachwirkung der

Episode mit Jennifer. Wir alle blieben still, und die Spannung zwischen uns wuchs.

Plötzlich rutschte Jennifer auf den Vordersitz neben mir. Sie sah mir vorwurfsvoll ins Gesicht. „Opa", piepste sie gepreßt, „wenn ich dich besuchen komme, dann will ich nicht angeschrien werden!"

Mit diesem Ausspruch überraschte sie mich, meine vierjährige Enkelin, und hatte das letzte Wort!

Ich habe nicht vor, mit diesem Buch meine Leser ‚anzuschreien'. Ich habe es geschrieben, um sie zum ‚Handreichen' und ‚Berühren' zu motivieren. Zweifellos hatte sich Jennifer schlecht und ungehorsam benommen. Aber es gibt auch im Umgang mit Kindern konstruktive Motivationsmöglichkeiten!

„Denn die Liebe Christi drängt uns" (2. Kor. 5, 14).

Durch die göttliche Liebe Christi, ausgeschüttet in unsere Herzen durch den Heiligen Geist, ist es uns gegeben, die Hand zu reichen und zu berühren, uns zu kümmern und zu teilen, hinzugehen und zu geben, zu segnen und aufzuhelfen!

Ich glaube, beim Lesen dieses Buches werden Sie mir zustimmen: „Gott hat mich zum ‚Handreichen' und ‚Berühren' geschaffen. Ich will es tun!"

Ich spreche David Wilkerson meinen Dank aus für die Erlaubnis, einige seiner Schriften in diesem Buch zu zitieren.

Durch Gottes Gnade bin auch ich einer, der *die Hand reicht und berührt.*

Don Gossett
Juni 1983

Inhalt

Handreichen und Berühren

Schlußfolgerung

Kapitel 1

Handreichen und Berühren durch Gebet

Handreichung durch Gebet ist eine höchst wirksame Art des Berührens. „Wir aber werden weiter beim Gebet und Dienst des Wortes verbleiben" (Apg. 6, 4). Diese Entscheidung trafen die Apostel der frühen Kirche, und zu dieser Entscheidung hat Gott seit damals viele von uns geführt. Wann habe ich den Entschluß gefaßt, mich einem Gebetsleben zu weihen, um andere durch die Kraft des Gebetes zu berühren? Es gab darin im Laufe der Jahre einen Wachstumsprozeß, bis hin zum intensiven Anspruch Gottes auf mein Leben, doch ich bin überzeugt, daß ich mich schon als Junge entschloß, „mich dem Gebet zu widmen". Gott hat diese heilige Sehnsucht zur ‚Handreichung' und zum ‚Berühren' in mich hineingelegt, als ich noch sehr jung war.

Da niemand in meiner Familie gerettet war, wurde ich von niemandem in der Familie persönlich zum Beten ermutigt. Anscheinend hat Gott meinem aufrichtigen Sinn bereits in sehr zartem Alter eingegeben, daß ich Teil einer Familie war, in sie hineingeboren, und daß ich in einer Art Gebetsverantwortlichkeit für meine Familie stand. Er gab mir die Erkenntnis ein, daß ich durch Gebet bei anderen große Veränderungen bewirken könne.

Soweit ich zurückdenken kann, hatte mein lieber Vater immer schwer mit dem Trinken zu tun. Daraus erwuchs manch heißer Streit zwischen Mutter und

Vater, der manchmal in Prügeleien ausarteten, was auf meinen Bruder, meine Schwester und mich verheerend wirkte. Weil ich in der Sonntagsschule einer Nazarenergemeinde von Jesus erzählen hörte und von seinem Versprechen, Gebet zu erhören und zu beantworten, faßte ich Mut, für Papa zu beten, um seine Errettung und für seine Befreiung von der Trunksucht.

Einmal, erinnere ich mich, hatten Mama und Papa einen furchtbaren Streit, der mit Schlägen ausging. Mama schleuderte ein Holzscheit auf Papa. Er griff sie an, und daraus entstand ein wilder Schlagabtausch, bei dem Tränen und Blut flossen. Als der physische Kampf aufhörte, wurde Papa von Mama die Tür gewiesen. Er kramte sich schnell ein paar Sachen zusammen und stiefelte hinaus, ohne auch nur Abschied von seinen Kindern zu nehmen, und fuhr mit seinem Lieferwagen weg. Über seine Schulter knurrte er, daß er jetzt abhauen würde und wohl nie wiederkäme. Mir brach das Herz. Da mir verboten wurde, ihm nach draußen nachzulaufen, eilte ich ans Fenster meines Schlafzimmers. Dort konnte ich meinen Vater noch einmal sehen.

Ich liebte ihn. Ich wußte, das Zerbrechen einer Ehe konnte nie richtig sein. Auch Streitereien waren verkehrt, aber die unkritische Liebe eines kleinen Jungen zu seinem Vater war überwältigend. Also kniete ich an meinem Fenster nieder und betete. Meine Augen waren weit geöffnet, ich wollte jede Bewegung meines Vaters sehen, als er aufbrach. Ich fing inbrünstig zu beten an: „O Gott, mach, daß mein Vater uns nicht verläßt. Bitte, o Herr, mach, daß er wieder zurückkommt!"

Von unserem Zuhause führte eine lange Zufahrt zur Landstraße, die zur nächsten Autobahn ging. Ich betete in tiefstem Ernst darum, daß der Herr meinen Vater zurückbringen solle. Ich sah, wie die Bremslichter aufleuchteten, als er an der Kreuzung von Zufahrt und Landstraße ankam. Mein Gebet wurde noch drängender, und ich bettelte: „O bitte, Herr! Laß ihn nicht diese Straße langfahren. Mach, daß er uns nicht verläßt!"

Ich schaute mit angehaltenem Atem hin. Nach langem Zögern schien es klar, daß Papa nicht in die Straße einbog, vielmehr seinen Lieferwagen auf der Zufahrt zurücksetzte und zum Haus zurückkehrte.

Er war nur ungefähr eine Viertelstunde von zu Hause weggewesen. Als ich erkannte, daß er ganz sicher zurückkehrte, rannte ich ins Wohnzimmer und verkündete die Botschaft: „Daddy ist zurückgekommen! Daddy kommt wieder nach Hause! Gott läßt ihn nicht wegfahren!"

Das ist die früheste und deutlichste Gebetserhörung, an die ich mich erinnern kann. Obwohl ich nur ein kleiner Junge war und keine Ahnung von Erwachsenenproblemen hatte, faßte ich in vertrauensvollem Gebet nach der Hand des Meisters und bat ihn, in diese tragische Situation einzugreifen. Damals berührte er die Herzen meiner beiden Eltern. Vater kehrte zur Familie zurück.

Zwar blieb seine Trinkerei eine Quelle ständiger Qual für meine liebe Mutter, und unserem Zuhause blieben Unruhe und Zerstörungen nicht erspart, aber Vater drohte kein zweites Mal, die Familie zu verlassen.

Allerdings erlebte ich es als Teenager manchmal,

daß Mutter ihre Taschen packte und davonlief. Jedesmal aber kam sie am gleichen Abend wieder zurück. Ich weiß noch, wie Mama einmal Vater im Schlafzimmer mit einer jungen Frau erwischte, deren Promiskuität Stadtgespräch war. Mama platzte vor Wut und packte sofort ihre Reisetasche.

Sie kündigte meiner Schwester, meinem Bruder und mir an, daß sie uns verlassen müsse, weil sie es satt habe, sich Vaters ewigen Suff und seine Treulosigkeit gefallen zu lassen. Sie sagte uns, sie ginge zu ihrer Schwester, würde aber dafür sorgen, daß wir wieder zusammenkämen, wenn sie alle Angelegenheiten geregelt hätte. Ich war fünfzehn, konnte schon Autofahren und brachte Mama selbst zur Bushaltestelle.

Die ganze Zeit betete ich im stillen: „Herr, mache es irgendwie, daß Mama uns nicht verläßt. Herr, ich weiß, daß Papa sie fertiggemacht hat. Hilf ihr irgendwie, ihm zu vergeben und gib ihr ein, heute abend zu uns zurückzukommen."

Ich war die ganze Zeit mit dieser stummen Art Gebet beschäftigt, von dem ich wußte, daß es beim Herrn auf Gehör stieß. Ich streckte meine Hand aus und ergriff das Gewand des Herrn, forderte damit Seine sanfte Berührung für das gebrochene Herz meiner Mutter.

Der Bus sollte nach Fahrplan um ein Uhr nachts ankommen. Wir hatten also drei Stunden Wartezeit an der Haltestelle. Zwei Stunden und länger sprach ich mit ihr, ohne Überredungsversuche zu machen, um sie nach Hause zu bringen. Ich ließ sie einfach ihr Herz ausschütten über ihren Schmerz und ihre Enttäuschung wegen Papa. Die ganze Zeit lang hielt ich innerlich die ‚Augen des Gebetes‘ offen. Ich ging hinaus zur Toilette und betete dort kurz und inbrünstig darum, daß Gott eingreifen möge, daß Mama uns heute nacht nicht verlassen möge.

Als sie sich die Fahrkarte besorgt hatte, half ich ihr, die Tasche zur Haltestelle zu tragen, damit wir ein paar Minuten vor Ankunft des Busses bereit wären. Mama stand schon auf der Straße, als sie plötzlich kehrtmachte und sagte: „Don, ich komme mit dir nach Hause zurück. Hol den Wagen und laß uns fahren.“

Mir war, als wäre eine tonnenschwere Steinlast von meinem Herzen genommen. Ich flitzte zum Wagen, kam schnell zurück und fuhr mit meiner Mutter nach Hause! Ich fühlte mich wunderbar und pries meinen großartigen Herrn, denn Er hatte das Ausstrecken meiner Gebetshände beachtet und meine Mutter angerührt, hatte sie auf den Weg der Gerechtigkeit und Wiedergutmachung geführt.

Doch damit war noch nicht alles wiedergutgemacht, und noch einmal verließ Mama Vater und unser Zuhause. Es war zu Silvester am Spätnachmittag, und Mutter ging zum Restaurant, das unserer Familie gehörte und das wir betrieben. Als sie beim Restaurant ankam, mußte sie feststellen, daß Vater die Türen abgesperrt hatte, das Lokal für alle Besucher geschlossen hielt und allen seinen Saufkumpanen eine hemmungslose Party gab. Als Mutter die Tür aufschloß und hereinkam, sah sie Vater eine der hübschen Serviererinnen umarmen. Das gab ihr den Rest. Sie schoß aus der Tür und fuhr wutentbrannt nach Hause zurück. Sie packte ihre Taschen und sagte mir, daß sie diesmal endgültig gehe, und daß es keine Rückkehr gäbe. Ich konnte ihr wirklich keine Schuld geben, denn Vater hatte jahrelang immer wieder ihr Herz zerbrochen.

Ich hatte für diesen Silvesterabend eine Verabredung mit Freunden. Wir freuten uns auf einen Abend voller Spaß und guter Gemeinschaft. Als ich Mama Lebewohl sagte, versprach sie mir, nach ein paar Tagen Kontakt aufzunehmen. Ich hatte jedoch den übernatürlichen Ruf verspürt, im Gebet meine Hand auszustrecken und wieder für Gottes neumachende Berührung im Leben meiner Eltern einzutreten.

Obwohl ich den ganzen Abend mit meinen Freunden die Ankunft des neuen Jahres feierte, kreisten meine Gedanken und Gebete um meine Mutter und um ihren 600 Meilen langen Weg durch die Nacht zu meiner inzwischen verheirateten Schwester. „Herr, Du hast so oft auf meine Gebete geantwortet und Mama und Papa zusammengehalten, damit unser Heim nicht auseinanderbricht. Herr, ich danke Dir, daß Du immer wieder erneut dieses Wunder vollbracht hast. Jetzt brauche ich wieder ein neues Wunder, Herr. Heute abend hat Mama die Familie verlassen. Halte bitte Deine Hand über ihr, wenn sie fährt. Und Herr, ich bitte Dich, bring bitte meine Mutter zurück und halte die Familie zusammen."

Ich kam in dieser Nacht um ungefähr drei Uhr morgens von der Silvesterparty bei meinen Freunden nach Hause. Ich kann nur schwer die ganze Freude beschreiben, die wie eine Flut über mich kam, als ich unsere Auffahrt entlangschaute und sah, daß meine Mutter wieder zu Hause war!

Ich wünschte schnell meinen Freunden Gute Nacht und sprang die Stufen hinauf, immer zwei auf einmal, ins Haus hinein, um wieder mit Mama und der Familie zusammen zu sein.

Bei diesem letzten Vorfall war ich sechzehn. Ständig gab es während der beiden nächsten Jahre Probleme mit der Trunksucht und den Seitensprüngen meines Vaters. Aber dann, mit 18, kam ich zur Überzeugung, daß Gott Errettung und Befreiung schaffen würde, nicht nur für meinen süchtigen Vater, sondern auch für meine gute, rechtschaffene Mutter und für meinen jüngeren Bruder, der Christus noch nicht begegnet war. Meine Schwester, Donnis, war ungefähr gleichzeitig mit mir dem Herrn begegnet.

Als ich die Oberschule bestanden hatte, begegnete mir der Herr in grundlegender Weise, wie ich es noch nie erlebt hatte. Ich hatte auf meinen Knien viel über mein Leben zu reden, über meine Bereitschaft, alles zu tun, was er von mir verlangte. Ich freute mich daran, Seinen Geist in mir an der Arbeit zu wissen, wie er mir ein Herz voller Mitgefühl für andere gab und den Drang, anderen vom Evangelium zu erzählen. Er erinnerte mich daran, daß er mich zum ‚Handreichen' und zum ‚Berühren' gemacht hatte. Mir wurde klar, daß die Hand des Herrn um Seines Dienstes willen auf mir lag. Meine Pläne und meinen Ehrgeiz übergab ich Ihm völlig, um Seinen heiligen Willen zu tun.

Ich werde niemals den Morgen nach der durchgebeteten Nacht vergessen, in der ich dem Herrn mein ‚Ja' gegeben hatte, Sein Evanglium zu predigen. Ich entschloß mich, zuerst meinem Vater von diesem Bestreben zu erzählen, das mein Leben verändern sollte.

Als ich ihn unten in der Küche rumoren hörte, kurz nach sechs Uhr morgens, stieg ich mutig die Treppe hinunter, um mit ihm zu besprechen, was mit mir nachts im Schlafzimmer vorgegangen war. „Papa, Gott hat mich als Prediger Seines Evangeliums berufen. Mit Seiner Hilfe und Gnade will ich das auch in meinem Leben machen: das Evangelium von Jesus Christus predigen."

Hätte ich meinem Vater einen Baseballschläger über den Kopf gezogen, wäre das zweifellos kaum ein härterer Schlag gewesen als meine Ankündigung. Eine Zeitlang sagte er gar nichts. Er rauchte gerade eine Zigarette und fuhr fort damit, den Rauch zu inhalieren und ins Zimmer zu blasen. Er machte ein paar Schritte durch die Küche. Dann kam er auf mich zu und blieb dicht bei mir stehen. Er schaute mir direkt in die Augen und sagte: „Mein Sohn, ich kann mir nicht vorstellen, daß du irgendwann mal das Evangelium predigen kannst. Dein ganzes Leben lang ist es dir schwergefallen, mit den Leuten zu reden. Als Prediger mußt du eine Menge erzählen. Nein, mein Sohn, ich glaube nicht, daß du mal Prediger wirst."

Nach dieser Diagnose ging Vater wieder seiner Beschäftigung nach und ließ mich stehen. Sein ausgesprochener Zweifel klang mir in den Ohren. Obwohl mein Vater mich zu entmutigen versucht hatte, war ich völlig überzeugt, daß der Herr selbst mich berufen hatte, das Evangelium zu predigen, und ich blieb unerschütterlich bei meiner Absicht, Seinem Ruf zu gehorchen.

Ich stieg wieder die Treppe hinauf. Ich hatte ehrlichen Herzens gewünscht, mein Vater hätte meine Ankündigung willig und sogar freudig aufgenommen, doch das tat er nicht. Trotzdem war ich unbeirrt. Mir war klar, daß ich mich als erstes dem Gebetsdienst widmen mußte. Ich sprach mit meinem himmlischen Vater eine Weile über das Anliegen, wobei ich mir innerlich sicher war, daß ich von meiner neuen Lebensrichtung nie wieder abweichen würde.

Dann, nach einem Semester Ausbildung auf einem Baptistencollege, kam die Einladung, mit meinem Predigtdienst zu beginnen. In kleinen Baptistenkirchen, hier und dort, fing ich an zu predigen. Damals gab es auf dem Land viele Baptistenkirchen ohne Pastor, und ich bekam das Angebot, für zwei davon Pastor zu werden. In einer der Kirchen sollte ich Sonntag morgens, in der anderen Sonntag abends predigen, in einer Rolle als zweifacher Pastor. Diese Möglichkeit, meinen Predigtdienst in den beiden schönen Baptistengemeinden zu entwickeln, erfüllte mich mit großer Vorfreude.

Aus Gefälligkeit kamen meine Eltern, um mich bei meinen ersten Predigten zu hören. Danach aber teilten sie mir mit, daß sie diese Landesgegend verließen und mehr als zweitausend Meilen weit wegzögen. Das rief mich aufs neue ins Gebet, denn ich hatte von ganzem Herzen geglaubt, daß meine Eltern unter meinem Dienst und Einfluß in nächster Zukunft zu Christus kommen würden.

Sie baten mich natürlich, mit ihnen zu kommen. Schließlich war ich erst achtzehn, obwohl ich zu der Zeit schon fast ein Jahr lang allein gelebt hatte.

Ich erinnere mich genau an das Wiesenstück, auf das ich mich einen Nachmittag lang zum Gebet zurückgezogen hatte. Ich fragte den Herrn: „Was soll ich Deinem Willen nach tun? Herr, Du weißt, wie ich mir wünsche, hier zu bleiben und diesen beiden Gemeinden als Pastor zu dienen. Ich würde es gern tun, weil es Deine Berufung für mich ist, Dein Evangelium zu predigen. Aber, Herr, Du weißt, daß die Errettung meiner Familie mir eine Last ist, die mich fast erdrückt. Kann ich sie denn besser für Christus gewinnen, wenn ich mit ihnen umziehe, ans andere Ende des Landes? Oder soll ich einfach hierbleiben und Dir vertrauen, daß Du sie zur Errettung bringst?"

Die Antwort auf dieses Gebet kam nicht gleich. Aber nach ein paar Tagen war mir innerlich klar, daß der Herr mich mit meinen Eltern umziehen lassen wollte. Er schien mir die Einsicht zu vermitteln, daß ich in erster Linie für die Familie verantwortlich war, in die ich hineingeboren war. Gott wollte mich als Sein Instrument gebrauchen, um sie alle zu Christus zu bringen. Zögernd teilte ich den beiden Gemeinden mit, daß ich ihr freundliches Angebot nicht annehmen könne. Ich traf die Entscheidung in Weisheit und unter Gebet, und der Heilige Geist schien mir innerlich die Gewißheit zu geben, daß ich in kurzer Zeit erleben würde, wie sich die Verheißungen Gottes über die Errettung meiner Familie erfüllen würden. Preis dem Herrn! In sechs Wochen kamen meine Mutter und mein Vater und kurz darauf auch mein Bruder zu Christus! Papa erfuhr völlige Befreiung vom Trinken, von Seitensprüngen und vom Spielen; sein ganzer Lebensstil

18

hatte sich auf wunderbare Weise verändert.

Viele Jahre später war ich in Beirut im Libanon, mehr als zehntausend Meilen von meiner ganzen Familie und allen Freunden entfernt. Die Umstände meines Aufenthalts dort sind zu vielschichtig gewesen, um kurz wiedergegeben zu werden, aber ich war in verzweifelter Lage. Ich saß allein in meinem Hotelzimmer mit Blick auf das Mittelmeer und schüttete Gott mein Herz aus. Ich machte Ihm klar, daß ich ganz und gar ohne Geld hier in Beirut war. Die völlige Mittellosigkeit schien mich in tiefe Frustration zu stürzen. Eines Morgens öffnete ich meine Bibel bei Psalm 116, Verse 1 und 2: „Ich liebe den Herrn, denn er hat mein flehentlich Rufen erhört. Er neigte sein Ohr mir zu, darum will ich Ihn anrufen, solange ich lebe."

Ich sagte Gott, wie sehr ich Ihn liebte. Ich sagte Ihm, daß ich Ihn so liebte wie selbst David... „weil Er mein flehentlich Rufen erhört hat!" Ich ließ in Dankbarkeit alle Ereignisse passieren, die in meinem Leben geschehen waren: in meiner Kindheit, die vielen Gelegenheiten erhörter Gebete für meine Mutter und meinen Vater um ihrer Ehe willen, die Art und Weise, wie Er meine Familie errettet und frei gemacht hatte, und die reichen Segnungen, die mir in vieler Gestalt zugeflossen waren. Das machte mir Mut, mit David einzustimmen: „Er neigte Sein Ohr mir zu, darum will ich Ihn anrufen, solange ich lebe!"

Meine verzweifelte Situation in Beirut machte ein Wunder Gottes notwendig! Als ich am Ende dieser Stunden des Gebets und Bibelstudiums angelangt war, ging ich hinaus auf die Straßen Beiruts.

Ich wußte, daß ein Schlüssel zum Wunder und göttlichen Eingriff in der Gebefreudigkeit bestand. Jesus sagte: „Gebt, so wird euch gegeben werden: Ein gutes, zusammengedrücktes, gerütteltes, überfließendes Maß wird man euch in den Schoß geben; denn mit dem Maße, womit ihr messet, wird euch wieder gemessen werden." (Lukas 6,38)

Als ich die Straßen beschritt, stieß ich auf Bettler: Arme, hilflose Krüppel lagen auf der Straße und bettelten um Geld. Ich hätte mir so sehr gewünscht, ihnen etwas geben zu können, aber ich hatte tatsächlich überhaupt keins! Wie gern wollte ich meine Hand ausstrecken und sie in liebevoller, aufbauender Weise berühren!

Ein Gefühl tiefster Not legte sich auf meine Seele. Ich hatte oft eher im Scherz gesagt: „Es ist keine Sünde, arm zu sein, aber es ist ungeheuer ungemütlich." Was ich da in Beirut jedoch fühlte, ging weit über Ungemütlichkeit oder Peinlichkeit wegen einer Pleite hinaus. Mein Innerstes war alarmiert, da mein Problem scheinbar unlösbar war. Ich konnte unmöglich an Geld kommen, und ich brauchte Geld, und zwar sofort, um Asien weiter bereisen zu können!

Beim Weitergehen wurde ich lauter: „Herr, Du weißt, wie gern ich diesen armen Menschen etwas gäbe, damit ihnen geholfen wäre, wenn ich nur wenigstens ein Restchen hätte. Herr, ich kenne dieses Prinzip aus Deinem Wort, daß im Geben das Empfangen liegt, aber mir scheint, ich habe nichts zu geben! Zeig mir, wie ich wirkungsvoll die anderen berühren kann."

Plötzlich hörte ich den eigenartigen moslemischen Gebetsruf über der Stadt. Wer jemals diesen Ruf gehört hat, kennt die Faszination, die Mystik dieses Lautes, der das Gemüt erfaßt. Als ich diesen moslemischen Gebetsruf hörte, überkam mich der Gedanke: „Das wenigstens kann ich tun! Ich kann mich ins Gebet begeben. Ich kann diese Moschee betreten und zusammen mit diesen Moslems eine Stunde im Gebet verbringen."

Ehrlich gesagt, war mir nicht klar, daß mir als Außenseiter diese Handlungsweise durch moslemisches Gesetz eigentlich verboten war; es galt als Entheiligung, daß ich an ihrer heilig gehaltenen Gebetszeit teilnahm. Außerdem beschlich mich der Zweifel, ob es für mich als Christ angemessen war, in dieser heidnischen Anbetungsstätte niederzuknien. Doch ich verlor keine Zeit mit Überlegungen und machte mich schnell auf den Weg zur nächsten Moschee. Beim Eintreten zeigte ein Mann gleich auf meine Schuhe. Bevor ich in die Moschee hineinkam, mußte ich meine Schuhe ausziehen und sie stehenlassen. Ich ließ also meine Schuhe fein säuberlich bei den Dutzenden von Sandalen dort stehen. Dann schritt ich auf einen Platz zu, wo ganz in der Nähe die moslemischen Männer beteten. Sie beugten sich vor ihrem Allah auf und nieder, doch ich begann inbrünstig zum Vater unseres Herrn Jesus Christus zu beten.

Ich betete für meine Frau zu Hause in Kanada; ich bat Gott, sie zu segnen und ihr zu helfen. Ich betete darum, daß Er ihr Sicherheit und Trost ins Herz legen möge, obwohl wir keinen Kontakt miteinander hatten. Ich betete für meine fünf Kinder, daß Gott sie segnen möge und Seine Hand über ihrem Leben halte. Ich bat den Vater, meine Partner zu segnen, die auf so liebevolle und treue Art meinen Dienst unterstützten, wo auch immer ich ihn ausrichtete. Ich betete für die Kranken, die mir in den Sinn kamen, und für Menschen mit Geldproblemen. Ich betete für die vielen armen Bettler, die ich gerade eben auf meinem Weg durch die Straßen Beiruts gesehen hatte. Ich brachte viele Anliegen im Gebet vor, während ich diese wunderbare Stunde dort in der Moschee kniete.

Ich nahm mir den kleinen Kassettenrecorder, den ich stets bei mir trug, und nahm die Gebetsmelodie der Moslems auf (Später ließ ich diese Gebete und Gesänge bei einer meiner Radiosendungen abspielen). Beim Abschluß dieser gesegneten Gebetsstunde kam ich mit leuchtendem Angesicht aus der Moschee heraus. Ich durchquerte die Beiruter Straßen mit der neuen Zuversicht, daß ich wirklich mehr als ein Überwinder war durch Christus, der mich liebt (Römer 8,37)!

Mein Handeln, für die Anliegen anderer ins Gebet zu gehen, setzte eine Serie von Wundern in Gang. Gott gab mir nicht den vollen Einblick in das, was geschehen sollte oder wie ich aus dem Dilemma herauskommen könne, aber ich setzte einen Glaubensschritt vor den anderen. Nach ein paar Stunden sah ich mich im Besitz von fünfhundert amerikanischen Dollars, einer Abflugbestätigung aus Beirut und, vor allem, der Erkenntnis, daß der Herr auf wunderbare Weise meiner Not ausgeholfen hatte.

Bevor ich Beirut verließ, gab Gott mir viele Gelegenheiten, anderen vom Evangelium zu berichten, und ließ mich viel Frucht meiner Arbeit in diesem Land Asiens sehen.

Ich lernte aufs neue diese beiden Grundsätze: Wenn ich lebe, um zu geben, werde ich nie Mangel haben; und wenn ich meine Hand reiche, wird jemand berührt! Es ist wahr: Gebet gehört zu den besten Möglichkeiten, anderen Menschen die Hand zu reichen.

Wenn niemand die Hand reicht,
wird niemand berührt.

Kapitel 2

Handreichen und Berühren
von Mensch zu Mensch

Ich bin sicher, daß jeder von uns Situationen kennt, in denen man es wagte, die Hand zu reichen, zu berühren und zu trösten. Ich möchte einige dieser wertvollen Erinnerungen mitteilen. Vielleicht hilft es uns, die Freundlichkeit und Liebe, die uns entgegengebracht wird, besser zu schätzen.

Ich habe mich in einer Baptistenkirche bekehrt, als ich zwölf Jahre alt war, und in meiner lieben Tante, Mae Rogers, hatte ich einen geistlichen Mentor. Sie trug Sorge um meine Seele und reichte mir durch einen Brief ihre Hand. Darin erzählte sie mir von der Liebe Gottes, und sie drängte mich, es nicht bei meiner ‚Errettung' zu belassen, sondern ‚entschieden zu sein, hingegeben, völlig ausgerichtet' auf Gott.

Ich war ein eifriger Junge, versuchte, das Leben zu verstehen und nicht in die gleichen Gleise zu geraten, in denen einige Gossetts vor mir gelandet waren. Diese liebe Tante wohnte Hunderte von Meilen von uns entfernt, und sie streckte mit ihrem Brief ihre Hand nach mir aus, so daß ich von Gott und seiner durchhelfenden Kraft berührt wurde. Preis dem Herrn!

Als Gott mich in den Dienst rief und ich anfing, in Baptistengemeinden zu predigen, reichte mir dieselbe Tante wieder die Hand und führte mich zur

wunderbaren Taufe im Heiligen Geist. Ihre liebevolle Anteilnahme erreichte mich, und ich war der-
jenige, der empfing.

Noch etwas Bedeutsames trug sich damals zu, als
Tante Mae mir schrieb, während ich in San Fran-
zisco in der Bibelschule studierte. Bis heute habe
ich diesen Brief aufbewahrt:

„Don, ich weiß, daß Du Dir mit einem netten
christlichen Mädchen schreibst. Sie ist schon in Ordnung; aber Don, ich glaube, es ist nicht die, die Gott
für Dich will. Das Mädchen, das Gott für Dich hat,
ist unsere Pastorentochter. Sie heißt Joyce Shackel-
ford. Sie ist ein liebes Mädchen, gerettet und mit
dem Heiligen Geist erfüllt. Sie hat das Talent, alle
möglichen Musikinstrumente zu spielen, und ihre
Stimme klingt einfach süß. Don, Du mußt Joyce
kennenlernen; ich glaube, sie ist das Mädchen, das
Gott für Dich will."

Wirklich! Immer wieder reichte mir meine Tante
ihre Hand, bis ich zwanzig wurde. Natürlich war es
für mich ‚Liebe auf den ersten Blick', als ich Joyce
kennenlernte. Ich gab meiner Tante recht; sie *war*
für mich die einzige. Preis dem Herrn: „Wer ein
Weib fand, hat ein Gut gefunden und Wohlgefälliges
vom Herrn erlangt" (Sprüche 18,22).

Und wenn Tante Mae mir ihre Hand versagt
hätte? Ich hätte vielleicht niemals die Freude eines
erfüllten Lebens als Christ erfahren, noch den
Segen, den eine Christin als Frau all die Jahre
bedeutet hat (beim Schreiben dieser Zeilen drei-
unddreißig Ehejahre).

Wie ich schon vorher erzählt hatte, konnte Gott
mich gebrauchen, meine ganze Familie zum Herrn

zu führen. Auch Sie können das erfahren. Gott hat mit Ihnen einen besonderen Bund geschlossen. Er möchte Sie als Sein Instrument gebrauchen, um all Ihre Lieben für Christus und für das ewige Leben zu gewinnen. Der Herr hat Sie in eine Familiengemeinschaft gestellt, für die Sie nach Seinem Willen ein hohes Maß an Verantwortung im Hinblick auf ihr ewiges Heil übernehmen sollen.

Gott hat mich gebraucht, vielen Tausenden dabei zu helfen, ihre Lieben zur Errettung zu führen. Folgende Lehre könnte sich für Sie als hilfreich erweisen.

Das Geheimnis, wie Ihre Lieben für Jesus Christus und das ewige Leben gewonnen werden können:

„Glaube an den Herrn Jesus, so wirst du samt deinem Hause gerettet werden" (Apg. 16,31).

Ist Ihre Familie unempfänglich für das Evangelium? Machen Ihre Angehörigen den Anschein, als ‚schalten sie ab', wenn es um geistliche Dinge geht? Sind hartgesottene Sünder darunter? Wenn Sie mit „Ja' antworten, habe ich gute Nachrichten für Sie: „Christus Jesus kam in die Welt, um Sünder zu retten" (1. Tim. 1,15). Jesu Liebe gilt auch Sündern mit verhärtetem Herzen, Gleichgültigen und Spottsüchtigen, einfach den normalen Sündern aller Art. Ich hielt mich an Apg. 16,31 fest und erlebte die Errettung meiner ganzen Familie. „Ein und derselbe ist ja der Herr aller, reich für alle, die ihn anrufen" (Röm. 10,12).

Eine Mutter von zehn Kindern, die 26 Jahre lang Gott ‚angebettelt' hatte, ihre Kinder zu erretten, bat mich, auch für sie zu beten. „Ich bete mit Ihnen um die Errettung Ihrer Kinder, wenn Sie mir versprechen, daß Sie nie wieder vor Gott betteln, daß Er sie errettet", sagte ich ihr. Sie gab ihre Zustimmung und schrieb die zehn Namen auf; wir handelten dann nach Matt. 18,19: „Wenn sich zwei von euch auf Erden einig sind, um irgend etwas zu bitten, so wird es ihnen zuteil werden von meinem Vater im Himmel." Von da an bewies sie ihren Glauben damit, daß sie Gott für die Errettung jedes einzelnen Kindes pries. In zwei Jahren waren acht der zehn Kinder wiedergeboren!

Wenn Sie Gott bitten, handeln Sie so, als habe er Sie gehört. Preisen Sie Ihn, als habe Er es getan, auch wenn Sie noch keine Veränderung gesehen haben. *Lobpreis ist die Sprache des Glaubens.*

Das Wort *glauben* ist ein Verb, ein Tätigkeitswort. Glauben ohne Handeln ist nicht möglich. Wenn Sie Apg. 16,31 glauben, werden Sie etwas tun. Tante Mae *glaubte* an meine Hingabe an Christus; sie schrieb mir einen gesalbten Brief, glühendheiß durch das Reden des Heiligen Geistes. Als ich *glaubte,* daß meine Familie errettet würde, nahm ich sie in Versammlungen mit, wo sie den Herrn empfing. Wenn Sie den Schritt des Glaubens getan haben, festigen Sie Ihr Herz im Lobpreis, seien Sie bereit, etwas zu tun um ihrer Entscheidung für Christus willen.

Haben Sie niemals Angst, daß Ihre Lieben in alle Ewigkeit von Gott und vom Himmel abgeschnitten sein werden. Wenn Sie sich tatsächlich um ihre Errettung fürchten, dann glauben Sie noch, Gott lüge Sie an. Gott wacht aber über der Erfüllung Seines Wortes. Keines der Worte, die er aussprach, wird unwirksam zurückkommen. Gottes Wort sagt, daß durch Ihren Glauben Ihre ganze Familie gerettet wird.

Erheben Sie auf der Grundlage dieser Botschaft Ihre Stimme zum Gebet um die Errettung Ihrer Lieben. Machen Sie dort nicht Halt. Steigen Sie aus dem Bereich der Fürbitte hinauf in den Bereich des Lobpreises! Sie sind kein Bettler, Sie glauben. Wer glaubt, ist ein Täter, ein Handelnder des Wortes, das Wunder geschehen läßt!

Durch persönliche Handreichung, ob Sie eine Einsicht mitteilen oder ein Stückchen Weisheit, können Sie anderen eine besondere Berührung verschaffen.

An einem Samstag morgen im Februar 1980 tat ich einen bestimmten Dienst im indischen Calicut. Tausende füllten die ‚Kathedrale der Kirche Südindiens‘, und ich legte meine Hände jedem auf, der zum Gottesdienst kam. Die Kirche faßte 2.000 Menschen; Tausende standen draußen und warteten, bis sie an die Reihe kamen, daß ihnen die Hand aufgelegt würde.

Stundenlang legte ich geduldig diese meine Hände auf die kostbaren Menschen Indiens. Noch nie war ich solchem Leiden begegnet, wie ich es an diesem Tag erblickte. Es schien, daß die Menschen mit jeder denkbar schrecklichen Krankheit geschlagen waren, die die Medizin kennt. An diesem Tag stand ich dort, betete und diente den Menschen, und dabei erinnerte mich der Herr an einen anderen Tag vor vielen Jahren…

Vater und Mutter waren zu Besuch bei uns. Eines Morgens gingen Joyce und Mama zum Einkaufen. Nur Papa und ich waren zu Hause. Papa rief aus seinem Schlafzimmer nach mir: „Junge, kommst du mal rein und hilfst mir, mein Hemd zuzuknöpfen und meine Schuhe zuzubinden?"

„Sicher, Papa", gab ich zurück und ging gleich zu ihm.

Als ich mit dem Hemd fertig war, beugte ich mich wegen der Schnürsenkel nieder, und plötzlich überkam mich ein merkwürdiges Gefühl: „Warum habe ich für meinen Vater diese Kleinigkeiten getan? Warum hatte ich es nötig, ihm die Schuhe zuzuschnüren und sein Hemd zuzuknöpfen?" Natürlich war mir die Antwort klar; Zeit meines Lebens war mir der Grund dafür vertraut gewesen.

Als er fertig angezogen war, zog ich mich von meinem Vater zurück und ging allein in mein Schlafzimmer, wo ich auf meine Knie sank. Ich hob vor dem Herrn meine Hände empor: „Herr, habe ich Dir schon einmal dafür gedankt, daß ich mein ganzes Leben lang zwei gesunde Hände hatte? Ich konnte mit meinen Händen tausenderlei machen, alles, was nötig war. Herr, habe ich Dir schon einmal ehrlichen Herzens dafür gedankt?"

Ich ließ meine Hände oben und dachte daran, wie oft ich mit ihnen die Kühe auf Vaters Farm gemolken hatte. Zuerst war es ein echtes Vergnügen, als Papa mir erlaubte, unsere Kuh melken zu lernen. Zum Melken sind besondere Griffe nötig, und die Hände müssen geschickt und stark sein. Damals war ich zehn. Später, als es meine ständige Pflicht wurde, vor der Schule und noch einmal am Abend die Kuh zu melken, machte es mir keinen Spaß mehr. Es wurde bald zur sauren Pflicht, zur langweiligen Hausarbeit. Und nun kniete ich hier, viele Jahre später, sagte meinem himmlischen Vater: „Danke, Herr, für meine guten Hände, weil ich damals auf der Farm die Milchkühe melken konnte."

Dann dankte ich dem Herrn dafür, daß er meine Hände für so manche Sportart geschickt und kräftig gemacht hatte. Ich machte bei den Schulsportarten mit: Basketball, Baseball, Football, Leichtathletik und Softball. Ich schenkte dem Sport meine ganze Hingabe. Hunderte von Stunden übte ich Basketball und besonders Baseball. Ich erwarb mir in beiden Spielarten sehr große Geschicklichkeit, wurde Kapitän meiner Oberschulbasketballmannschaft und machte bei einer halbprofessionellen Baseballmannschaft mit. Wie wichtig waren meine Hände beim Ballspiel!

Ich nahm mir dann noch mehr Zeit, Gott dafür Dank zu sagen, daß er mir für so viele Aktivitäten geschickte Hände gab. Ich dachte an meinen Werdegang als Autor, ein Dienst, den ich in jungen Jahren aufgenommen hatte. Wie dankbar war ich, Maschineschreiben gelernt zu haben. Auf allen möglichen Schreibmaschinen haben in all den Jahren meine Finger Tausende von Briefen getippt. Wenn Gott meine Hände nicht dafür geschickt gemacht hätte, wären möglicherweise niemals die Bücher und Publikationen geschrieben worden, mit denen in aller Welt Millionen von Menschen zu Seiner Ehre erreicht wurden.

Und weil der Herr meinem Dienst die Gabe zuteilte, Seine Heilungskraft weiterzugeben, konnte ich meine Hände dazu benutzen, Tausenden wunderbare Heilungen teilwerden zu lassen. Im

Glauben habe ich meine Hände braunen, schwarzen, blonden, roten und kahlen Köpfen aufgelegt. Ich habe die Kraft Gottes erfahren, wie sie durch meine Hände strömte, um üblen Krankheiten Einhalt zu gebieten und Gesundheit und Segen zu bringen. Meine Hände stellten den Kanal dar, der Tausenden die Berührung Gottes mitteilte.

„Vater, ich habe mir nie die Zeit dafür genommen, Dir für diese beiden guten Hände zu danken, die so mannigfaltig zu gebrauchen sind. Heute möchte ich ‚Danke' sagen. Du hast mir Hände gegeben, damit ich ‚alles, was meine Hand zu tun findet, tue, solange ich es vermag' (nach Pred. 9,10). Danke, Vater, in Jesu heiligem Namen."

Bevor ich ins Zimmer zurückging, wo Vater wartete, machte mir die Erinnerung den Vorfall lebendig, bei dem mein Vater den Gebrauch seiner Hände eingebüßt hatte. Ich war noch ein Kind, knapp acht Jahre alt. Bis dahin hatte Papa als Elektriker gearbeitet. Es war seit sechzehn Jahren sein Handwerk.

Als er an einem heißen Augustnachmittag oben auf einem Leitungsmast arbeitete, warf ihm sein Kollege eine Leitung hoch. Eigentlich sollte es ein stromloses Kabel sein, doch aus Versehen nahm er eins, in dem schon Strom floß. Als Papa die Leitung zu fassen bekam, schossen 2.400 Volt Starkstrom durch seinen Körper. Das wirkte wie ein elektrischer Stuhl. Im Augenblick hätte sein ganzer Körper verkohlen können. Weil seine Hände der elektrischen Ladung zuerst ausgesetzt waren, wurden sie aufs schlimmste verbrannt. Die Finger seiner rechten Hand brannten völlig weg. Tatsächlich wurde die ganze rechte Hand zerstört.

Der Sicherheitsgurt, mit dem er am Mast hing, brannte entzwei. Er löste sich vom Mast, und Papa fiel fünf Meter tief auf den Boden. Auf dem Steinhaufen da unten versuchten ihn seine Kollegen wiederzubeleben. Einer stellte fest, daß Papa seine Zunge ,verschluckt' hatte; er faßte in seinen Mund und zog sie heraus.

Auch Papas linker Arm hatte kritische Verbrennungen, wenn auch nicht so schlimme wie der rechte. Sein ganzes Leben lang blieb seine linke Hand ohne Gefühl. Nach Monaten mit Operationen und Therapien war sein Überleben gesichert; sein rechter Arm war unterhalb des Ellbogens amputiert worden, und man hatte ihm eine Prothese angepaßt. Zwar konnte er manches mit seiner linken Hand, und, in Grenzen, mit seiner Prothese tun, aber seine Hemden zuknöpfen und seine Schuhe schnüren konnte er nicht.

Ich dagegen erfreute mich Zeit meines Lebens an gesunden Händen und hatte nie ein ,Danke, Herr' über die Lippen gebracht.

In Indien hungern die Menschen nach Gottes heilender Berührung. Meist schwärmen die Menschen nach Gottedienstschluß nach vorn zum Pastor und drängen sich nach einer Berührung. Wenn ich mit dem kleinen Taxi das Feldzugsgelände verlassen will, wird das Auto umdrängt. Manchmal sind es Tausende – und es ist ihr tiefstes Verlangen, durch die Berührung Seines Dieners Gottes Kraft zu erfahren. Das macht mich demütig. Ich weiß, daß meine Hände, für sich genommen, nichts sind.

32

Doch als eine Verlängerung der Hände Christi werden sie zu Instrumenten des Segens und der Heilung. Preis sei unserem wunderbaren Herrn.

Mein Vater hat, wie ich annehme, nie Kranken seine Hand aufgelegt. Doch mit dem Rest seines Könnens in der verletzten linken Hand hat Vater immer Gutes zu tun versucht und im wahrsten Sinne des Wortes seine ‚hilfreiche Hand' geliehen, wann immer er konnte. Es kam aus einem freundlichen Herzen. Sein Beispiel von Handreichung und Gebefreudigkeit lehrte mich, Großzügigkeit zu schätzen.

Sich mit eigener Person anderen zur Verfügung zu stellen – mit seinen Fähigkeiten, seinem Wissen, Trost, Verständnis, Mitleid und mit seiner Hilfeleistung – das ist echtes Geben, Handreichen, wahre Christusähnlichkeit. Wer so zu leben sucht, wird bestimmt vielen die Hand reichen und sie berühren.

Wenn niemand die Hand reicht,
wird niemand berührt.

Kapitel 3

Handreichen und Berühren
im Glauben

Wer die Hand im Glauben ausstreckt, erlebt die bedeutsamste aller Berührungen – die Berührung durch Gott. Im Oktober 1960 zog ich mit meiner Familie von Tulsa in Oklahoma nach Vancouver in British Columbia um, wo ich einen neuen Dienst aufnahm. Ein Jahr lang bereisten wir die kanadische Prärie von einem evangelistischen Feldzug zum andern. Außerdem reisten wir zu besonderen Versammlungen in Kirchen in die Vereinigten Staaten. In diesen zwölf Monaten widmeten wir uns intensiv dem Studium und Gebet, um vom Herrn zu erfahren, welche Weisungen er für uns hatte. Schließlich zogen wir am 1. September 1961 mit der Gewißheit göttlicher Richtungsweisung nach Victoria in British Columbia um, wo unsere Kinder mit der Schule begannen.

Es lief nicht alles glatt, obwohl wir uns sicher waren, daß wir unser Leben ganz in den Willen Gottes gegeben hatten. Meine Familie war in einer kleinen Motelwohnung untergebracht… alle sieben drängten sich in zwei kleinen Räumen! Ich diente bei besonderen Gottesdiensten in Gemeinden des Staates Washington und nahm mir die Montage frei, damit ich nach Victoria zu meiner Familie fahren konnte. Der Herr segnete die Versammlungen, aber die Kollekten, die ich erhielt, waren schmal und unzureichend angesichts unserer drängenden materiellen Probleme. Daraus entstanden neue Probleme: Wochenlang hatte ich kaum genug Geld für die wöchentliche Miete im Motel; in den nächsten Wochen konnte ich Joyce nicht genug Geld für unsere Einkäufe dalassen.

Eines Abends, als Joyce und ich zu Bett gegangen waren, konnten wir nicht einschlafen. Wir waren wegen unserer finanziellen Verlegenheiten so mutlos. „Was sollen wir nur tun?" fragte ich mich. „Soll ich den Dienst aufgeben und mir einen normalen Job besorgen?" Wir waren uns so sicher gewesen, daß unser Umzug nach Victoria nach Gottes Willen gewesen war!

Joyce und ich verbrachten die ganze Nacht im Gespräch mit Gott, schütteten einfach Ihm unser Herz aus. Nie zuvor hatte ich ein so freimütiges, offenherziges Gebet gehört, wie in dieser Nacht von meiner Frau. Sie sagte zum Herrn, wie satt sie es habe, unsere Kinder nicht richtig anziehen zu können und ihnen oft genug nichts Vernünftiges zu essen geben zu können. Sie sagte ihm, sie sei bereit, aus dem Koffer zu leben, den Wunsch nach einem Heim zu opfern, aber die Entbehrungen für unsere Kinder seien ihr nicht erträglich.

Früh am nächsten Tag riß ich mich aus Joyces Umarmung und machte mich widerwillig auf, um nicht die große Fähre zu verpassen, die mich zum Festland und weiter nach Longview in Washington bringen sollte, wo ich Versammlung hielt. Trotz unserer bedrückenden Umstände und den wenig reizvollen Aussichten hatte ich doch das Gefühl, daß wir am Wendepunkt ankamen, obwohl es in keiner Weise sichtbare Veränderungen gab. Auf dem Weg zur Küste sang ich meinem Herrn Loblieder, weil ich Ihn liebte und Ihm mehr als alles andere Freude machen wollte.

Diese Jahreszeit – September und Oktober 1961 – ist mir geistlich reicher denn je zuvor in Erinnerung geblieben. Wohl war ich finanziell gesehen in tiefer Armut, aber ich war reich an himmlischen Segnungen. Das Buch der Sprüche sagt uns: „Allein der Segen des Herrn macht reich; die eigene Mühe fügt nichts hinzu." (Sprüche 10,22).

Wenn ich in Longview war, verbrachte ich so manche gesegnete Stunde allein im Schlafzimmer des Hauses, in dem ich beherbergt wurde. Wunderbare Stunden im Gebet und beim Studium des Wortes, Tag für Tag, machten mich froh. Es zeigte sich, daß diese großartige Erfahrung immer weiter ging! In meinem ganzen Leben als Christ stellte ich immer wieder fest, daß Zeiten harter Prüfung mir meist als Vorbereitung für eine Wachstumsphase im Herrn dienen. Joyce und ich machten ein Motto daraus: „Keine Prüfung – kein Zeugnis." Unsere Zeugnisse von mächtigen Wundern, besonderen Befreiungen, außergewöhnlichen Eingriffen: all dies ist aus Zeiten intensiver Prüfung entstanden.

Tatsächlich kam unser Härtetest an einen Höhepunkt, und so passierte es:

Eines Morgens, bald nach der erwähnten Gebetsnacht, fragte ich den Herrn: „Warum geht es uns finanziell so verzweifelt schlecht, wo Dein Wort uns doch verheißt, daß all unser Mangel ausgefüllt wird?"

Der Herr antwortete mir durch Sein Wort:

„Gehen wohl zwei miteinander, wenn sie sich nicht verabredet haben?" (Amos 3,3). Gott sagte damit: „Du möchtest mit Mir gehen? Dann mußt du dich mit Mir abstimmen. Du stimmst mit Mir überein, indem du das sagst, was in Meinem Wort steht. Du hast dich gegen Mich gestellt, als du von Mangel, Krankheit, Angst, Niederlage und Unfähigkeit gesprochen hast. Wenn du mit Mir wandeln willst, dann mußt du mit Mir übereinstimmen."

Als mir diese Wahrheit einleuchtete, bat ich um Seine Vergebung für mein Versagen darin, mit Ihm und Seinem Wort übereinzustimmen.

Gott war aber noch nicht fertig. Wieder lenkte Er meine Gedanken auf die Schrift: „Ihr werdet dem Herrn lästig mit euren Reden, und ihr fragt: ‚Wieso sind wir ihm lästig gefallen?'" (Mal. 2,17). Gott legte Seinen Finger auf meine Gewohnheiten, Ihn mit meinen Worten zu belästigen – wie ich meine Sorgen und Frustrationen immer wieder vorge- bracht hatte, mit Worten von Knechtschaft und Ver- werfung, unüberhörbar oft. Wieder war es an mir, wirkliche Buße zu tun. Ich suchte und erlangte Gnade und Vergebung für die Sünde, dem Herrn lästig gefallen zu sein mit Worten, die nicht im Ein- klang mit Seinem Wort standen.

Und noch einmal sprach der Herr zu mir und traf im Hinblick auf meine beklagenswerte Lage den Nagel auf den Kopf: „Anmaßend sind eure Reden gegen mich, spricht der Herr, und ihr sagt: ‚Was haben wir denn wider Dich geredet?'" (Mal. 3,13).

Protestierend rief ich: „Herr, nie würde ich gegen Dich reden! Ich liebe Dich von ganzem Herzen. O Herr, nie, nie würde ich gegen Dich reden!"

Sanft redete der Herr mit mir: „Deine Worte sind anmaßend gewesen, grob und widerspenstig, indem deine Worte nicht in Einklang mit Meinen Worten waren. Du hast Worte ausgesprochen, die weit unter Meinem Maßstab lagen. Achte auf deine Lippen, damit deine Worte mit Meinen Worten in Einklang stehen."

Als ich über diese ungewöhnliche Begegnung mit dem lebendigen Gott meditierte, griff ich zu meinem Tagebuch und schrieb zwölf Bestätigungen der Wahrheit auf. Ich nannte diese Bestätigungen: ‚Meine NIE-WIEDER-Liste'. Und das schrieb ich auf:

1. *Nie wieder* werde ich bekennen: ‚Ich kann nicht', denn „Alles vermag ich in dem, der mich stärkt" (Phil. 4,13).

2. *Nie wieder* werde ich Mangel bekennen, denn: „Mein Gott aber wird alle meine Not nach seinem Reichtum mit Herrlichkeit erfüllen in Christus Jesus" (Phil. 4,19).

3. *Nie wieder* werde ich Furcht bekennen, denn „Gott hat uns nicht einen Geist der Verzagtheit gegeben, sondern der Kraft und der Liebe und der Zucht" (2. Tim. 1,7).

4. *Nie wieder* werde ich Zweifel und Mangel an Glauben bekennen, denn „Gott hat einem jeden das Maß des Glaubens zugeteilt" (Röm. 12,3).

5. *Nie wieder* werde ich Schwachheit bekennen, denn „Der Herr ist der Hort meines Lebens" (Psalm 27,1) und „die Schar derer, die ihren Gott erkennen, wird stark und handelt" (Daniel 11,32).

6. *Nie wieder* werde ich Satans Herrschaft über mein Leben bekennen, denn „der, der in euch ist,

ist größer als der in der Welt" (1. Joh. 4,4).

7. *Nie wieder* werde ich die Niederlage bekennen, denn „Gott führt uns allzeit im Triumphzug in Christus herum" (2. Kor. 2,14).

8. *Nie wieder* werde ich Mangel an Weisheit bekennen, denn „Christus Jesus ist uns von Gott zur Weisheit gemacht" (1. Kor. 1,30).

9. *Nie wieder* werde ich Krankheit bekennen, denn „in seinen Wunden bin ich geheilt" (Jes. 53,5); und „Jesus hat unsere Leiden weggenommen und unsere Krankheiten getragen" (Matt. 8,17).

10. *Nie wieder* werde ich Sorgen und Frustrationen bekennen, denn ich „werfe alle meine Sorgen auf ihn, denn er sorgt für mich" (1. Petr. 5,7). In Christus bin ich sorgenfrei!

11. *Nie wieder* werde ich Knechtschaft bekennen, denn „Wo aber der Geist des Herrn ist, da ist Freiheit" (2. Kor. 3,17); mein Leib ist der Tempel des Heiligen Geistes (1. Kor. 6,19).

12. *Nie wieder* werde ich Verdammnis bekennen, denn „Also gibt es jetzt keine Verurteilung für die, die in Christus Jesus sind" (Römer 8,1). Ich bin in Christus, also bin ich frei von Verdammnis.

Da stand es also schwarz auf weiß. Ich schritt mit dem Tagebuch im Zimmer auf und ab und sagte diese Bestätigungen laut auf. Ein paarmal am gleichen Tag, ein paar Tage hintereinander. Ich las mir diese Liste laut vor und ließ die Wahrheiten durch die harte Schale meines negativ gestimmten Geistes dringen. Das entwurzelte all die Aussagen, die nicht im Einklang mit Gottes Wort standen. Es war eine gute Fleißübung, weil ich den Herrn lange genug mit meinem Wortschatz des Zweifels auf die Nerven gegangen war. Aber jetzt machte ich Ihm Freude, da ich statt der alten Widerworte Seine eigenen wunderbaren, lebensverändernden Wahrheiten aussprach. Jesus hatte erklärt: „Die Worte, die ich zu euch gesprochen habe, sind Geist und sind Leben" (Joh. 6,63).

Gott hat sich an Sein Wort gebunden. Stets war Er gegenwärtig und sah uns in unseren Umständen, unserem Dilemma. Und Er hat sich verpflichtet, Sein Wort zu bekräftigen. Die Schrift stellt fest, daß Er über Seinem Wort wacht, um es auszuführen (Jer. 1,12). Wenn wir Ihm die Ehre erweisen, Sein Wort auszusprechen und zu leben, ehrt Er uns dadurch, daß Er um unseretwillen Sein Wort bestätigt.

Zu den malerischsten Berichten von Gottes Sicht Seines Wortes gehört Jesaja 55, 10-11: „Gleichwie Regen und Schnee vom Himmel fallen und dorthin nicht zurückkehren, ohne die Erde zu tränken, zu befruchten und sie sprossen zu lassen, so daß sie Samen den Säenden und Brot den Essenden gibt, so verhält es sich mit meinem Wort, das aus meinem Munde hervorgeht: Es kommt nicht leer zu mir zurück, ohne vollbracht zu haben, was ich wollte, und ausgeführt zu haben, wozu ich es sandte."

Ich sprach das Wort jeden Tag aufs neue aus. Beim Aufsagen dieser zwölf dynamischen Bekräftigungen göttlicher Wahrheit lernte ich sie auswendig und pflanzte sie fest in Herz und Sinn ein. Die Ergebnisse ließen mich staunen, denn mein Glaube wurde auferbaut und meine Einstellung änderte sich drastisch. Gott wachte *wirklich* über der Bestätigung und Ausführung dieses Wortes. Der gesamte

Verlauf der Evangelisation in Longview erlebte einen Aufschwung. Heilungswunder setzten ein. Die Liebesgaben für meinen Dienst flossen reichlicher. Gefühlsmäßig schien ich auf weichen Wolken der Freude zu schweben!

Ich rief Joyce in Victoria an. „Liebling", sagte ich ihr, „der Herr hat mich gesegnet wie nie. Innerlich tut Er Großes an mir. Ich bade in einer neuen Salbung. Ich habe entdeckt, *warum* wir nicht klargekommen sind, warum wir diese Krankheiten bei den Kindern hinnehmen mußten. Liebling, ich kann es kaum abwarten, bis ich wieder in Victoria bin und dir erzählen kann, was der Herr an mir getan hat!" Daß ich täglich diese zwölf Glaubensgrundsätze aussprach, hatte mein ganzes Leben revolutioniert. Ich glühte im Geist.

Als ich nach ein paar Tagen wieder zu meiner Familie fuhr, hielt ich mir den Unterschied vor Augen: Vor Tagen erst steckte ich in tiefer Entmutigung; jetzt schwang ich mich im Glauben empor. Genau hier holte Gott mich für weitere Lektionen in die „Schule des Glaubens" zurück. Eine tiefere Berührung im Geist wartete auf mich.

Er machte mich auf Römer 10,8 aufmerksam: „Nahe bei dir ist das Wort, in deinem Mund und in deinem Herzen, nämlich das Wort vom Glauben, das wir verkünden." Diese Stelle zeigte mir, daß Glaube aus zwei Elementen besteht: aus dem Wort im Munde und dem Wort im Herzen.

Dann erinnerte er mich nochmals durch Römer 10, 9-10 daran, daß Errettung eine Sache von Herz und Mund ist: „Denn wenn du mit deinem Mund Jesus als den Herrn bekennst und in deinem Herzen glaubst, daß Gott Ihn von den Toten auferweckt hat, wirst du gerettet werden. Denn mit dem Herzen glaubt man zur Gerechtigkeit, und mit dem Mund bekennt man zum Heil. "Weil man im Herzen glaubt, daß Gott Jesus von den Toten auferweckt hat und mit seinem Munde bekennt, ‚Jesus ist mein Herr‘, wird man gerettet!

Gott zeigte mir darin, inwiefern hier ein Muster für alle Segnungen vorliegt, die man im Leben überhaupt empfangen kann. Noch einen Schlüsselvers zeigte er mir, Römer 10,17: „Also kommt der Glaube aus dem Hören, das Hören aber durch das Wort Christi." Mir wurde klar, daß auf diese Weise mein Glaube wachsen und sich entwickeln sollte: Meine Ohren hören meine Lippen Gottes Wort sprechen, und dadurch wächst mein Glaube. Auch wenn ich andere das Wort aussprechen höre, bringt das meinen Glauben zur Entfaltung.

Eifrig ging ich auf diese Anweisungen in der ‚Schule des Glaubens‘ ein und sagte: „Mach schon, Mund, und sprich Gottes Wort! Hört zu, Ohren, weil damit mein Glaube gestärkt wird!" Darauf wiederholte ich die zwölf goldenen Bestätigungen meiner ‚Nie-wieder-Liste‘, die mir der Herr eingegeben hatte. Jede Bestätigung machte bestimmt einen zehnprozentigen Glaubenszuwachs aus. Nach dem Aufsagen der zwölf Bestätigungen erlebte ich, wie mein Glaube überströmte: einhundertzwanzig Prozent! Im Glauben gesprochen, konnte ich zum Sturmangriff antreten! Ich hatte guten Samen gesät, und schon kam die Segensernte ein.

Der Herr hatte mir gezeigt, wie Glauben zum

Wirken gebracht wird: Das Wort nahe bei mir, in meinem Mund und Herzen. Ich ernährte mich von Glaubensnahrung, wenn meine Ohren meine Lippen Gottes Wort sprechen hörten, und damit wuchs mein Glaube.

Auf meiner Autobahnstrecke an der Pazifikküste in Richtung nach Hause, wo meine Familie wartete, hatte ich reichlich Zeit in der Gegenwart Gottes und seiner Belehrung. Nach und nach wurde ich ruhig im Geist und erwartete Gottes nächste Mitteilung der Wahrheit. Mein Hunger nach Ihm wurde nicht enttäuscht. Gott sei die Ehre! Wenn wir im Glauben unsere Hand nach Ihm ausstrecken, können wir mit Sicherheit Seine heilige Berührung erwarten, denn Er wird uns nicht verlassen.

Meine nächste Lektion in der ‚Schule des Glaubens' gab 2. Kor. 4,13 her, wo Gott mich lehrte, wie ich mich im Glaubensgeist verhalten solle: „Da wir aber denselben Glaubensgeist besitzen, wie ihn das Schriftwort bezeugt: Ich glaubte, darum redete ich, glauben auch wir; darum reden wir auch."

Paulus sagt damit, daß der Glaubensgeist in unserem Besitz ist. Dann zitiert er David mit dem 116. Psalm, 10: „Ich glaubte, darum redete ich", um zu verdeutlichen, wie dieser wirkt. Paulus gibt seine Antwort: „Auch wir glauben, darum reden wir auch."

Fragen wir ihn! „Bruder David", sagen wir, „wie geht das mit dem Glaubensgeist?"

David erwidert: „Ich glaubte, darum redete ich."

Wenden wir uns an Paulus und fragen ihn: „Bruder Paulus, wie setzt man den Glaubensgeist in Gang?"

Paulus antwortet: „Auch wir glauben, darum reden wir auch."

Der Glaubensgeist, *den wir haben,* wirkt in zweifacher Weise: erst glauben, dann sprechen wir. Der Herr fragte mich: „Willst du wissen, wie du deinen Glauben befreien kannst? Möchtest du deinen Glauben losmachen? *Glaube* mein Wort in deinem Herzen, und dann *spreche* das Wort mit deinem Munde!"

Ohne Reden gibt es keinen Glauben. Das ist die Dynamik des Glaubens: Glaube das Wort in deinem Herzen; dann öffne dich und sprich das lebendige Wort mit deinem Munde! Noch einmal sagte ich meine ‚Nie-wieder-Liste' auf. Ich merkte, wie der Glaubensgeist mein Leben ungehindert durchströmte. Ich schenkte diesen Bestätigungen der Wahrheit Glauben; ich schöpfte Mut, sie immer wieder mit meinem Munde auszusprechen.

Für mich war das ein neuer Wortschatz. Worte des Zweifels, der Sorge und der Angst waren mein Spezialgebiet gewesen. Jetzt führte ich mein Leben im Glaubensgeist und sprach eine neue Sprache: Gottes Wort. (Nebenbei, wer sich fragt, wie ich allein Autofahren und trotzdem aus der Bibel Nahrung schöpfen konnte, muß wissen, daß ich das dem obligatorischen Auswendiglernen von Bibelversen bei meiner Bibelschulausbildung verdanke!)

Und was das Schönste war, der Herr hatte mir für diesen Tag noch nicht alles beigebracht. Er wies mich auf den kleinen Philemonbrief hin, ein Buch von nur einem Kapitel. Vers sechs enthielt die Glaubenslektion, durch die mich der Herr lehrte, wie mein Glaube je und je wirksam bliebe: „Daß die

Gemeinschaft deines Glaubenssinns sich kraftvoll auswirke in rechter Erkenntnis all des Guten, das unter uns ist in der Hinordnung auf Christus."

Der Heilige Geist sprach innerlich zu mir: „Hast du dich gefragt, warum dein Glaube oft so wirkungslos war? Du hast nämlich alles Schlechte in deinem Leben anerkannt. Du hast über deine Schwachheiten geredet, deine Ängste, dein Versagen und deine Niederlagen. In dir lag ein tiefes Bewußtsein deiner Unwürdigkeit verborgen. Dein ständiger Begleiter war ein Schuldgefühl, und du hast dein Angenommensein von Gott angezweifelt."

Mein großer Lehrer fuhr fort: „Wenn du möchtest, daß dein Glaube Wirkung zeigt, dir also das erwirkt, was im Wort verheißen ist, mußt du aufhören, ständig von dir selbst und deiner Unzulänglichkeit zu reden. Was du in die Waagschale legst, reicht sowieso nicht; in mir liegt dein Auskommen.

Du mußt deine Lippen dazu erziehen, daß sie all das Gute anerkennen, das durch Christus Jesus in dir ist. In diesem irdenen Gefäß besitzt du einen großen Schatz. Du mußt all das Gute in dir durch Christus Jesus anerkennen. Bedenke, es geht nicht um deine Fähigkeiten, sondern um das, was du in Christus Jesus hast."

Mein Inneres wurde durch diese Wahrheit gesegnet. Ich sog sie ein. Mir war klar, daß die häufigen Niederlagen in meinem Leben als Christ daraus herrührten, daß ich eher sündenbewußt als sohnesbewußt gelebt hatte.

Ich bekräftigte also wieder einmal meine ‚Nie-wieder-Liste'. Jede einzelne dieser Glaubensaussagen galt mir als Deklaration des Guten in mir in Christus. Ich blieb beim Training dieses Prinzips des Aussprechens, und mein Glaube „empfing Schwingen gleich dem Adler" (Jes. 40,31).

Bevor ich in Victoria ankam, wo ein frohes Wiedersehen mit meiner Familie winkte, machte ich halt in Blaine in Washington. Dort besuchte ich die Radiostation KARI, bei der ich 1960 als Gastmoderator tätig war. Ich wußte, daß hier die einzigen christlichen Sendungen – täglich – nach British Columbia ausgestrahlt wurden (damals). Die strategische Lage war recht günstig an der amerikanisch-kanadischen Grenze, und die Senderichtung war Kanada.

Ich sehnte mich danach, wieder Tag für Tag über Radio zu sprechen. 1951 hatte ich als Zweiundzwanzigjähriger einen Radiodienst begonnen. Der Heilige Geist hatte mir die Möglichkeit gezeigt, meinen Dienst durch das Radio zu vervielfältigen. Ich hatte erfahren, daß ich in einer Stadt im Radiostudio sein konnte und gleichzeitig meine Predigt vom Evangelium tausend Orte und Städte erreichte.

In den fünfziger Jahren war ich in verschiedensten Städten auf Sendung gewesen. Ich konnte solange weitermachen, wie ich Reaktionen und finanzielle Unterstützung verspürte. Später, als es ‚hart auf hart' ging, als die Unterstützungen allmählich ausblieben, gab ich meinen Radiodienst auf und badete die enttäuschende Niederlage aus, weil ich offensichtlich versagt hatte. Das ganze Jahrzehnt lang hatte ich Gott angefleht, mir bei einem Radiodienst auf täglicher Basis auszuhelfen. So sehr war ich überzeugt, er habe mich damals, 1951, dazu berufen.

46

Ich denke lebhaft an die Reisen quer durch Nord-amerika zurück, bei denen ich immer versucht hatte, einen christlichen Sender einzustellen. Oft hörte ich bei meinen Nachtfahrten die gute Nach-richt, über die Radiowellen in mein Auto über-tragen. Dann pflegte ich Gott zu bedrängen: „Herr, hilf mir wieder in die Sendestation. Ich weiß, daß Du mich berufen hast. Ich stehe bereit, ‚acht zu haben auf das Amt, das ich im Herrn empfangen hatte, daß ich es erfülle' (Kol. 4,17)."

Nun hatte Gott mir diese todsichere Grundlage für Glaubenssiege verraten – meine ‚Nie-wieder-Liste' –, und ich war darauf eingestellt, im Glauben Schritte zu tun und wieder die täglichen Radiosendungen aufzu-nehmen! Diesmal mußte es anders laufen. Ein Rückzug war nicht vorgesehen. Wenn es hart auf hart kommen sollte, würde ich weitermachen.

Ich war innerlich voller Zuversicht, als ich den Wagen zum Studio von Radio KARI lenkte. Meine Träume sollten sich erfüllen. Ich stand vor dem Beginn eines neuen Radiodienstes. Ich legte mich auf tägliche Sendungen um 11 Uhr vormittags auf KARI fest. Am dritten Montag im Oktober 1961 sollte ich anfangen (zehn Jahre nach meinem ersten Ruf in den Radiodienst).

Als ich endlich in Victoria ankam, erlebte ich mein glücklichstes Wiedersehen mit meiner lieben Familie. Später, am Abend, als die Kinder schon schliefen, erzählte ich meiner lieben Frau von der ‚Nie-wieder-Liste'. Sie nahm sie mit Freuden auf. Sie konnte ohne weiteres bestätigen, daß mein ganzes Leben durch diese Wahrheiten revolutio-niert worden war, und sie war mehr als bereit, an dem teilzuhaben, was der Herr begonnen hatte.

Ich erzählte ihr dann auch über den Neubeginn bei Radio KARI, und ihre erste Reaktion war negativ. „Ach, Liebling, aber...!" mahnte sie mich zur Vorsicht: „Vergiß nicht, wie sauer es war, die alten Radiorechnungen zu bezahlen, als wir bei dem Sender aufgeben mußten."

In zuversichtlichem Ton antwortete ich: „Aber Liebling, das ist jetzt etwas anderes. Der Herr hat mich in die Geheimnisse des Glaubens eingeweiht. Wir gehören jetzt zum ,Volk des Gelingens'! Gott ist unser Versorger. Wir brauchen nichts zu fürchten. Wir wissen jetzt, wie wir im Strom des Glaubenswortes und Glaubensgeistes schwimmen sollen. Gott wird uns bestätigen. Wir werden nicht versagen!" Joyce ließ sich von meinem neuen Glauben anstecken und meinte mit mir, daß es jetzt anders würde.

Auf derselben Vancouver-Insel, auf der Victoria liegt, brachen wir bald nach Duncan in British Columbia auf, wo vier Kirchen eine gemeinsame Evangelisation abhalten wollten. Ich ,brannte' vor Begeisterung, was meine Einstellung am besten wiedergibt, weil ich darauf wartete, daß die Kraft des Wortes Gottes Großes ausrichten würde. Und das geschah auch! Vom ersten Gottesdienst an wurden in Jesu Namen Heilungswunder bewirkt. Wir mußten mit unserer Evangelisation viermal in andere Räume umziehen; immer füllte die Menge der Zuhörer den Saal bis auf den letzten Platz. Hunderte nahmen Christus als Heiland und Herrn an.

Unsere neue Radiosendung auf KARI stand in Blüte. Joyce und ich entschlossen uns, klugerweise auf das Festland von British Columbia umzuziehen, weil wir dort näher an der Radiostation wären als von der Vancouver-Insel aus. Mit hundert Dollar in der Tasche machten wir uns auf die Suche nach einem Mietshaus. Nach ein paar Stunden Suche fuhren wir an einem hübschen Haus mit einem Schild vorbei: „Zu verkaufen oder zu vermieten; machen Sie Ihr Angebot."

Wir wendeten den Wagen, fuhren zum Haus zurück, parkten auf der Zufahrt und ließen unseren Blick auf dem wunderschönen Haus ruhen. Dann ging ich zum nächstgelegenen Haus, holte Auskunft ein und bekam von der Nachbarsfrau die Schlüssel. Wir machten die Tür auf und gingen hinein. Nach ein paar Minuten Besichtigung sagte Joyce zu mir: „Liebling, der Herr zeigt mir, daß dies unser Haus sein wird!"

Ich ließ diese Aussage nicht einfach so stehen, denn unsere begrenzten Mittel von nur 100 Dollar waren mir zu bewußt. „Bist du sicher, daß der Heilige Geist dir das gesagt hat, oder ist deine eigene Sehnsucht Vater des Gedankens?"

Im Überschwang ihrer Sicherheit wiederholte sie: „Ich weiß ganz einfach, daß dies unser Haus sein wird!"

Wir nahmen Kontakt mit den Eigentümern auf und teilten ihnen von unserem Interesse mit. Wir fragten, ob wir das Haus ein Jahr lang mieten könnten, um dann über einen Kauf zu entscheiden. Nach ein paar Tagen rief uns der Haupteigentümer an: „Wissen Sie, Mr. Gossett, mein Partner und ich haben das Gefühl, daß Sie und Ihre Familie die richtigen für das Haus sind. Ein Jahr mieten muß aber nicht sein. Wir würden es schon jetzt verkaufen."

Er fuhr fort: „Wenn Sie sofort 100 Dollar anzahlen und in den nächsten 90 Tagen 900 Dollar flüssigmachen können, dann dürfen Sie sofort einziehen. Wir erledigen den ganzen Papierkram, dann ist es Ihr Zuhause."

Wie froh klopften unsere Herzen, als wir diese mutigen Glaubensschritte wagten. Um festen Herzens zu bleiben, bekräftigte ich oft meine ‚Nie-wieder-Liste'. Die Macht dieser Wahrheiten stärkte meinen Geist, was mich mit Jesus ‚auf dem Wasser wandeln ließ', in täglicher Erwartung Seiner Wunder.

Wir glaubten zu träumen, als wir in Vancouver unser Treffen mit den Eigentümern hatten, die Papiere unterschrieben und in aller Rechtmäßigkeit Besitz unseres Hauses in Surrey in British Columbia ergriffen. Jetzt, zweiundzwanzig Jahre später, haben wir das Haus fast abbezahlt. Nie sind wir mit einer Rate im Rückstand geblieben!

Gottes Wort hat Kraft! Wenn wir dieses Wort auf die Bereiche unserer persönlichen Bedürfnisse anwenden, wird Großes geschehen. In all den Jahren, seit Gott mir die ‚Nie-wieder-Liste' gab, haben Seine Wahrheiten uns immer mehr Freiheit gegenüber den quälenden Gedanken eingeräumt, die einmal unser Leben so stark bestimmt hatten.

Wahrlich, im Glauben die Hand hinzuhalten und zu pflanzen bringt eine reiche Ernte – die wunderbare Berührung des Herrn.

Wenn niemand die Hand reicht,
wird niemand berührt.

Kapitel 4

Handreichen, Berühren und Helfen

Eltern müssen immer ein gewisses Maß an Prüfung bei der Erziehung ihrer Kinder erdulden. Oft muß man als Vater oder Mutter mit aller Bestimmtheit eingreifen, um ein Kind vor drohendem Leid oder dem Verderben zu retten. Wenn man in der Führung und Weisheit des Herrn die Hand reicht und berührt, wird man kaum auf Widerstand stoßen. Manchmal mag es schwierig sein, sich einzugestehen, daß es überhaupt Probleme mit dem Kind gibt, oder manchmal erscheint es schwierig, die trügerische Sicherheit aufs Spiel zu setzen, in der man sich wiegt, wenn man vor einer wenig idealen Situation die Augen verschließt. Doch das Ergebnis macht alles wett. Wenn man sieht, wie ein Kind dank der Hilfe seiner Eltern Probleme überwindet, ist das ein Grund zur Freude.

Eines Tages stürzte eine schockierende Wahrheit über uns herein: Unser Ältester, Michael, hatte mit Drogen zu tun! Es war, als ob die Wände um uns zusammenfielen. Unsere ersten Reaktionen? Zorn, Ungläubigkeit, Schock, Enttäuschung, Verlegenheit und schließlich äußerster Schmerz.

1968 war Michael Schüler an der Princess-Margaret-Oberschule in Surrey in British Columbia. Wie die meisten Oberschulen zu dieser Zeit war ‚Princess Margaret‘ ein wohlbekannter Drogenumschlagplatz. Die jungen Leute, mit denen Michael umging, fingen an, Marijuana zu rauchen und billigen Wein und Schnaps zu trinken. Später gingen sie zu Experimenten mit chemischen Drogen über, den sogenannten ‚bewußtseinserweiternden‘ psychedelischen Substanzen. Diese Jungen hatten ihren Einfluß auf Michael, der nach und nach dem Druck seiner Altersgruppe nachgab, nicht zuletzt auch seiner eigenen Neugierde auf das Experiment.

Michael achtete seine Familie und seine Eltern soweit, daß er ‚den Schein wahrte‘. Er verhielt sich ziemlich normal in unserem ‚pastoralen‘ Zuhause. Joyce und ich nahmen seinen deutlichen geistlichen Niedergang wahr, aber wir konnten die Ursache des Problems nicht herausfinden. Wir stellten an ihm Gleichgültigkeit und mangelndes Interesse für die Dinge Gottes fest, doch wir hatten keinen Schimmer davon, daß er mit Drogen zu tun hatte. Neben seiner Drogengeschichte mißbrauchte Michael die Talente, die Gott ihm mit Musik und Gesang verliehen hatte, in einem Nachtclub am Ort. Hier kamen die jungen Leute zusammen, und hier strömten die Drogen nur so.

Schon als unsere Kinder noch Babys waren, haben wir mit regelmäßigen Familienandachten angefangen, und Michael hatte bis zuletzt mitgemacht. Er hörte zu, wenn Gottes Wort vorgelesen wurde, er konnte fließend die wichtigsten Bibelverse hersagen, und er pries den Herrn mit erhobenen Händen. Jedesmal beschlossen wir die Andacht auf unseren Knien, und wenn er an der Reihe war, klang sein Gebet recht überzeugend. Doch wenn er wieder auf den Füßen stand, machte er die Tür hinter sich zu und diente sein Leben dem Teufel an. Fast zwei Jahre lang verbrachte Michael in dieser ‚Doppelrolle'.

Eines Tages aber zerbrach der Schein. Joyce und ich waren wie vor den Kopf geschlagen und untröstlich. „Wie konnte das in unserer Familie passieren?" fragten wir uns krampfhaft. „Unser Sohn schien doch ganz dem Herrn geweiht?"

Wir gingen ins Gebet, schütteten Gott unsere Herzen aus und baten Ihn um Seine Gnade, Seine Weisheit und Seine Huld für unsere Verzweiflung und Not. Wir weinten, bis uns die Tränen versiegten, standen dann auf, trockneten unsere Augen und erklärten dem Teufel den Krieg! Unsere ‚Operation Rettung' kam ins Rollen.

Es schien uns von entscheidender Wichtigkeit, ohne Verzögerung zur Tat zu schreiten. Wir fuhren zum Nachtclub, wo Michael seinen Auftritt hatte, und nahmen uns vor, ihn zum Nachhausekommen zu überreden. Joyce blieb im Wagen, als ich allein den Club betrat. Der Junge an der Tür nahm mich wahr. „Möchten Sie eine Eintrittskarte?" fragte er zögernd.

Ich überschaute von der Tür aus den rauchverhangenen Raum. Auf der Bühne sah ich im blendenden Scheinwerferlicht meinen Sohn am Mikrofon stehen. Er sang und spielte Gitarre, wobei ihn seine Freunde begleiteten. „Nein, ich will keine Karte", erwiderte ich. „Ich will Ihren Entertainer da oben." Ich zeigte nach Michael auf der Bühne. Ich vermute, der betroffene Kartenverkäufer dachte, ich sei von der Polizei!

Ich schritt furchtlos hinein, bahnte mir den Weg

durch die gedrängt besetzten Tische und fühlte die Überraschung und starrenden Blicke der jungen Zuhörer auf mir. Als ich an der Bühne ankam, erkannte Michael mich.

„Was willst du, Papa?" fragte er verblüfft.

„Ich will, daß du mit mir nach Hause kommst... bitte sofort."

„Das kann ich nicht machen, Papa. Wir müssen noch ein paar Stücke bringen. Wenn wir mit unserem Auftritt fertig sind, komm ich mit dir nach Hause." Er machte einen verlegenen und unglücklichen Eindruck.

Mit festerer Stimme sagte ich: „Michael, deine Mutter wartet draußen im Wagen. Wir wollen, daß du gleich jetzt mit uns nach Hause kommst!"

Michael wandte sich zögernd an seine Gruppe und raunte ihnen etwas zu. Dann legte er seine Gitarre ab, sprang von der Bühne und folgte mir. Ohne irgendwelche Vorfälle drängten wir uns an den Tischen vorbei, aber als wir draußen waren, platzte Michael los.

Er war wutentbrannt. Er sagte mir zornig, was er von meinem Handeln hielt. Was ihn besonders aufregte, war meine Sturheit, mit der ich darauf bestand, daß er mitten in seinem Auftritt aufhören sollte. Die Flüche stürzten nur so über Michaels Lippen.

Ich traute meinen Ohren nicht. Mein eigener Sohn – unser Erstgeborener – mit solcher üblen Sprache, und das mir! Ich war schockiert, bestürzt und im tiefsten Inneren erschüttert, und ich fragte mich, wie ich mit seiner kampflustigen, düsteren Einstellung umgehen sollte. Ich bestand allerdings eisern darauf, daß er mit seiner Mutter und mir nach Hause kommen müsse.

Schließlich ergab er sich, stieg in den Wagen und kam mit. Zu Hause versuchten wir, vernünftig mit Michael zu reden, Seelsorge mit ihm zu machen und für ihn zu beten. Er wurde unverhüllt rebellisch. Ich würde gern berichten, daß alles in Frieden und Harmonie aufging, aber an diesem Abend war das nicht der Fall.

In den nächsten sechs Wochen rangen Joyce und ich mit Mächten und Gewalten, mit den Weltbeherrschern dieser Finsternis (Eph. 6,12). Dem Heiligen Geist gilt unser Dank, daß Er an Michaels Herz Großes tat. Nach vielen Wochen geistlichen Kampfes wurden wir Zeugen der Befreiung unseres Sohnes. Preis dem Herrn, nie wieder hat er sich um Drogen bemüht oder diesen sündhaften, lügnerischen und rebellischen Lebensstil wieder aufgenommen.

Joyce und ich reichten unsere Hand und berührten und halfen unseren Kindern, als sie aufwuchsen (auch jetzt noch, da sie erwachsen sind, sind wir für sie da, wenn sie uns brauchen), mit dem Ergebnis, daß jedes von ihnen zu einem wunderbaren erwachsenen Christen geworden ist. Sie machen uns wirklich Freude.

Michael machte Schluß mit seiner ‚alten' Musikkarriere. Zusammen mit seinem Bruder Donnie machte er 1973/74 fünf Monate lang eine Tournee im Fernen Osten als musikalischen Dienst.

150 Tage lang stellten sie ihre gottgegebenen Talente im Gospelgesang zur Verfügung: in Japan, Korea, Hongkong, Vietnam, Thailand, Indonesien,

Singapur, Kuala Lumpur und auf den Philippinen.

In all den Jahren zogen Michael und Donnie mit ihrer Gruppe ‚Salvation Airforce' von Konzert zu Konzert durch ganz Kanada und die Vereinigten Staaten.

1983, in Indien, kam ihr Dienst zu einem ehrenvollen Höhepunkt. In Trichy in Tamul Nadu gaben sie zweimal täglich Konzerte, meistens in Colleges, Oberschulen und Universitäten. Berichten amtlicher Stellen zufolge haben nach Abschluß der Evangelisation haben mehr als 1.000 indische Jugendliche täglich eine Entscheidung für Christus getroffen!

Als Michaels Eltern sind Joyce und ich dem Herrn tief verbunden, weil Er den Kurs seines Lebens dramatisch verändert hatte.

Nach Michaels Befreiung von den Drogen widerstand er noch mehrere Jahre lang trotzig der Berufung durch den Herrn, das Evangelium zu predigen. Oft sagte er zu seiner Mutter: „Mama, versuch doch nicht mich zum Prediger zu machen! Ich bin Musiker, kein Prediger!"

An einem kalten Winterabend im Februar 1974 klingelte unser Telefon. Am anderen Ende war Michael – es war ein R-Gespräch aus Bangkok in Thailand.

„Papa", erklärte er mir, „hole Mama bitte an den zweiten Anschluß. Ich habe etwas sehr Wichtiges zu sagen... Ich will, daß ihr beide es gleichzeitig hört!"

Als Joyce den anderen Hörer genommen hatte, teilte uns Michael in aller Sorgfalt mit, daß er beim Dienst an den thailändischen Buddhisten eine neue geistliche Begegnung mit Gott gehabt habe.

„Der Herr hat mich berufen, das Evangelium zu predigen, und ich werde gehorsam sein!"

Tränen tiefer Dankbarkeit rollten an diesem Abend über die Wangen aller drei. Obwohl uns 10.000 Meilen trennten, hatten sich unsere Herzen vereint.

Gott hatte Joyce und mich gebraucht, die Hand auszustrecken und Michael zu berühren, als er damals im Nachtclub vor vielen Jahren in Not und Verzweiflung war. Jetzt streckte er seine Hand aus und berührte uns mit der lieblichen Nachricht von Gottes Handeln in seinem Leben.

Unsere mutige ‚Rettungsaktion' für Michael hatte reiche Dividende erbracht – und viel Frucht durch die Rettung kostbarer Menschen für Jesus Christus!

Wenn niemand die Hand reicht,
wird niemand berührt.

Kapitel 5

Handreichen und Berühren durch die Ehe

18. Mai 1980
An
Herrn und Frau M. L. Gossett
Edinburgh
Schottland

Lieber Michael, liebe Shelley!

Wir haben uns gefreut, Euch am Flughafen von Vancouver zu Eurer Hochzeitsreise verabschieden zu können. Shelley, wir sind sicher, daß es Dir viel Spaß machen wird, Deinem Mann Dein Heimatland mit all seinen Schönheiten zu zeigen. Wir beten dafür, daß Gott jeden Tag Eurer Zeit in Schottland segnet, Euren Dienst wirksam macht und Euch Erfüllung schenkt. Mama sagte nach unserer Rückkehr vom Flughafen: „Vielleicht hat Shelley prophetisch gesprochen, als sie erklärte, Michael könnte ja in Schottland evangelisieren!"

Ich glaube fest, daß Eure Ehe wahrhaft bestehen bleibt. Vor ein paar Jahren war David Wilkerson in Vancouver. Ich war mehrere Stunden lang in seinem Hotelzimmer zu Gast und unterhielt mich mit ihm über Ehe, Familie und darüber, was sie gelingen läßt. Ich habe David manche Einsicht zu verdanken, die ich Euch heute mit diesem Brief weiter geben will. Ich weiß, daß Ihr, Michael und Shelley, Euch wünscht, daß Eure Ehe gelingt. Michael, bei Deinem Eheversprechen hat mich der Satz angesprochen, mit dem Du sagtest, daß Du nicht nur eine bürgerliche Verbindung eingehen, sondern eine wirkliche, dauerhafte Ehe schließen willst. Starke Ehebündnisse unterliegen immer ernsthaften Prüfungen. Wenn Mann und Frau die Erfahrung von Leid, Schmerzen, Mißverständnissen und Versuchungen machen, können sie daraus emportauchen und sich einer Ehe erfreuen, die ebenso wunderbar wie stabil ist. Der Schlüssel dazu liegt darin, wie Ihr beiden auf die Lebenskrisen reagiert.

Die meisten Bücher über mehr Qualität in der Ehe haben wenig Wert. Mir scheint, daß kaum ein Eheberater Praktikables oder Schriftgemäßes sagt. Die meisten ihrer Methoden sind undurchführbar. Neulich habe ich zwei nützliche Bücher gelesen, in denen es um eine funktionierende Ehe ging. Leider müssen beide Autoren bekennen, daß ihre ersten Ehen zerbrachen, daß sie geschieden und wiederverheiratet sind. Ich weiß die Mühe der beiden wirklich zu schätzen, wenn sie aus ihrem Kummer hilfreichen Rat schöpfen. Sehr zu schätzen weiß ich auch die, deren Ehe lange währt und dabei glücklich ist. Jemand sagte: „Ich bin jetzt 43 Jahre lang verheiratet, und es ist schön, ja, sogar besser als vorher." Dieser Mann hat etwas zu sagen, was wir nicht überhören sollten.

Hier einige Schritte zu einer funktionierenden Ehe:

1. *Sprecht nie das Wort Scheidung aus – auch nicht im schlimmsten Streit!*

Eine reizende junge Frau, deren Ehe in der kommenden Woche zuende gehen sollte, machte ein Bekenntnis: „Ich würde mir heute wünschen, ich hätte nie das Wort Scheidung gebraucht. Wir waren nur fünf Jahre lang verheiratet, aber wir haben so oft gestritten. Es wurde immer schlimmer, und einesTages platzte ich los: ‚Ich finde, wir sollten uns scheiden lassen.‘ Zuerst waren wir beide erschrocken. Vorher hatten wir über Scheidung nicht einmal nachgedacht.

Aber als der Schreck nicht mehr nachwirkte, erkannte ich, daß der Same für die Scheidung gepflanzt war. Das nächste Mal ließ sich das Wort leichter aussprechen. Nach ein paarWochen haben wir über nichts anderes mehr gesprochen. Der Same bekam riesige Wurzeln und ließ unsere Ehe schließlich ersticken."

Auch andere erzählen nach ihrer Scheidung solche Geschichten. „Sagen Sie es allen weiter", so reden sie, „daß man nie von Scheidung auch nur sprechen sollte. DasWort allein wirkt irgendwie zerstörerisch."

Die Bibel sagt: „Tod und Leben sind in der Zunge Gewalt; wer sie zu gebrauchen liebt, ißt die Frucht davon" (Sprüche 18,21).

2. *Meint nicht, daß krasse Meinungsverschiedenheiten Eheprobleme sind.*

Seid ehrlich in Meinungsverschiedenheiten. Zeigt Eure Verletzungen. Laßt Eure Gefühle sehen. Wer alles in sich hineinfrißt, macht sich zum Kandidaten für alle möglichen Krankheiten. Aber die meisten Ehepaare mit krassen Meinungsverschiedenheiten glauben, sie entwickelten Allergien gegeneinander. Sie sind mit ihren Gedanken allein: „Schon wieder. Es ist einfach hoffnungslos. Wir haben wohl Liebe und Respekt füreinander verloren."

Macht Schluß mit dem Theater. Ihr seid nur Menschen und solltet Euch ruhig vormerken, daß Ihr gelegentlich unterschiedlicher Meinung seid. Versucht möglichst schnell zu erfahren, auf welchen Gebieten. Denkt nie darüber nach, Eure Ehe aufzugeben, weil Ihr in punkto Kommunikation immer noch schwach seid. Wer eine perfekte Beziehung anstrebt, rennt in die Enttäuschung.

Am wichtigsten: Laßt nie die ‚Bombe' platzen, wenn Ihr streitet oder unterschiedlicher Meinung seid. Jeder Ehemann, jede Ehefrau weiß genau, was man sagen muß, um den wunden Punkt des anderen anzurühren. David Wilkerson sagt: „Für mich ist das Wort ‚Heuchler' die Bombe. Ich kann es nicht ausstehen, Heuchler genannt zu werden, und meine Frau weiß das. Sie konnte mich damit immer zum Platzen bringen.

Wenn ich den Punktestand ausgleichen wollte, warf ich meine Bombe ab. ‚Gwen', sagte ich dann, ‚du wirst zu fett.' Wenn sie weinend aus dem Zimmer lief, wußte ich, daß ich meinen Treffer gelandet hatte." Bruder Wilkerson schließt mit den Worten: „Gott sei Dank, wir haben dieses kindische Verhalten überwunden, auch wenn wir immer noch Meinungsverschiedenheiten haben."

Geht niemals im Zorn schlafen. Nehmt den Teppichklopfer des Humors und klopft die Füllung aus Eurer aufgebauschten Einstellung. Lacht über Euer beider Lächerlichkeit. Lernt es, zuzugeben:

„Unsere Ehe ist immer noch gut – wir müssen einfach noch an der Verständigung arbeiten."

Die Bibel bietet einen guten Rat an:

„Beiseite zu bleiben bei Streit gereicht dem Manne zur Ehre; doch jeder Narr platzt los" (Sprüche 20,3).

3. *Macht den Partner nie zur Zielscheibe von Witzen – ob privat oder öffentlich.*

Wer sich über seinen Ehepartner lustig macht, meint vielleicht, sich einen gutmütigen Spaß geleistet zu haben. Weit gefehlt! So etwas ist erniedrigend und gefährlich. Wenn man über die Dummheiten des Ehepartners, die er zu Hause beging, Witze macht, demütigt man ihn. Hinter den meisten solcher Witze steckt eine nachtragende und boshafte Einstellung. Auf diese Weise läßt man den Partner seine Fehler nicht vergessen,

Gelächter kann tiefe Verletzungen übertönen. Männer und Frauen, die sich gegenseitig respektieren, haben solche Dummheiten nicht nötig. Macht Witze über alles mögliche – bloß nicht über den Ehepartner.

4. *Macht Euch gegenseitig Komplimente – ehrlich gemeinte, und nicht zu knapp!*

Eine Frau mittleren Alters sagte einmal: „Jemand muß ja dafür sorgen, daß mein Mann demütig bleibt. Er bekommt soviel Aufmerksamkeit von anderen – da muß er ab und zu mal einen drauf bekommen. Er platzt sonst noch aus den Nähten. Ich weiß immer noch, wie ich ihn auf den Teppich kriege."

Wie traurig! Jeder Mann braucht eine Frau, die ihn aufrichtet. Es ist keine Sünde, einander mit ehrlichen Komplimenten aufzubauen. Schließlich braucht man dazu keine Lügen oder Gemeinplätze.

Wenn man sich mit seinem Partner vor den Altar stellen kann und sich gegenseitig das Versprechen für das ganze Leben gibt, sollte man bestimmt so viel Gutes in diesem Menschen sehen, daß man darüber reden kann.

Eine geschiedene Frau stellte fest: „Mein Mann ist seit mehr als drei Jahren nicht mehr da. Ich hätte ihn so gern wieder zurück. Die Einsamkeit ist unerträglich. Es gibt Millionen Dinge, die ich ihm noch sagen würde. Hätte ich ihm nur zu verstehen gegeben, was ich in vieler Hinsicht gut an ihm fand. Wie dumm ich war – ich habe es nicht verstanden, ihm etwas Nettes zu sagen. Ich lag ihm immer in den Ohren mit all seinen Fehlern. Wenn ich sehe, wie Männer und Frauen einander mit soviel Kälte behandeln, würde ich ihnen am liebsten zurufen: ‚Wacht auf, ehe es zu spät ist! Laßt euren Sarkasmus und macht lieber einander Mut!'"

Die Schönheit einer Ehefrau erreicht meist das Maß, das durch die Komplimente ihres Mannes vorgezeichnet ist. Sie blüht auf, wenn man ihr sagt, wie attraktiv sie ist. Und ein Mann ist zu allem fähig, um das Kompliment der Frau, die stolz auf ihn ist, nicht Lügen zu strafen.

Die Bibel sagt: „Wie goldene Äpfel auf silbernen Schalen: so ist ein zur rechten Zeit gesprochenes Wort" (Sprüche 25,11).

5. *Unterdrückt einander nicht: Liebe ist die Schwester der Freiheit!*

Man hat sagen hören: „Wenn es wirklich Liebe ist, dann lasse sie frei – und sie wird immer zurückkommen. Wenn nicht, dann war es von Anfang an keine Liebe." Darin steckt mehr als ein Körnchen Wahrheit.

Ein liebevoller Ehemann, 45 Jahre alt, verriet das Geheimnis seiner beständigen Ehe. „Ich meine, daß es mein Recht und meine Pflicht ist, in meinem Heim eine solche Atmosphäre zu schaffen, daß meine Frau darin ihr volles Potential entfalten kann. Andererseits hilft sie mir dabei, wenn ich mich entfalte."

So ermutigt, wurde sie in ihrer Gemeinde aktiv; sie arbeitete ehrenamtlich im Krankenhaus; sie hatte ihren eigenen Schlupfwinkel, in dem sie sich der Malerei hingab. Er sagte, sie sei deswegen eine so gute Frau, weil sie mit sich selbst zufrieden sei. Sie wurde nicht eingeengt von einem Ehemann, der sich für nichts als seine eigenen Ziele interessierte.

Eifersucht ist eine Art von Sklaverei – sie ist die einengendste Leidenschaft, der Menschen frönen können. Männer und Frauen, die Angst vor dem Verlust der Liebe ihres Partners haben, versuchen, dem in extremer Weise gegenzusteuern, indem sie sich anklammern. So entsteht ein stählerner Griff. Eine Frau, die insgeheim denkt: „Ich will ihn nicht aus den Augen verlieren!" drückt damit eigentlich ihre Angst aus, ihn zu verlieren. Eine Frau, deren Mann ihr nicht reichlich Spielraum für ihre Entwicklung und Ausdrucksmöglichkeit läßt, wird ihm eines Tages die ihr aufgezwungene Langeweile und Enge übelnehmen.

In einer Ehe wird sich dann höchste Erfüllung einstellen, wenn Mann und Frau ihre Liebe Gott anvertrauen und im übrigen einander zu Wachstum und Reifeprozeß freigeben. Keine Freiheit für Flirts und Herumtreiberei – doch Freiheit zu neuen Herausforderungen und für neue Ziele.

Die Bibel sagt: „Wißt ihr nicht, wie das Fasten ist, daß ich liebe? So spricht der Herr: Ungerechte Fesseln lösen und des Joches Stricke öffnen; die Bedrückten frei entlassen und des Joches Stricke lösen." (Jes. 58,6).

6. *Lernt zu sagen: „Es tut mir leid!" – aber aufrichtig!*

Wie Gottes Wort uns lehrt, ist Liebe die wachsende Fähigkeit, „Es tut mir leid" zu sagen.

Ein zornentbrannter Ehemann tönt: „Gestern abend habe ich meine Frau stehengelassen. Immer hat sie recht und ich natürlich unrecht. Aber nicht diesmal. Ich lasse sie nicht wieder auf mir rumtrampeln. Ich weiß, daß ich in dieser Sache recht habe. Immer bin ich es, der zuerst klein beigeben muß. Na, diesmal bleibe ich solange weg, bis sie auf allen vieren zu mir gerutscht kommt und zugibt, daß sie total daneben lag."

Wenn man „Es tut mir leid" zu sagen lernt, sollten Männer und Frauen auch noch „Ich vergebe dir" üben. Jesus macht uns warnend klar, daß die Vergebung unseres himmlischen Vaters abhängig ist von unserer Vergebung für die, die gegen uns sündigen.

„Und wenn ihr zum Beten tretet, so vergebet, wenn ihr gegen jemand etwas habt, damit auch euer himmlischer Vater euch eure Verfehlungen vergebe" (Mark. 11,25-26).

In dieser Zeit wuchernder Ehebrecherei stelle ich häufig diese Frage:

„Hat dein Mann oder deine Frau dich betrogen?

Gab es eine echte Reue? Hast du dir echte Mühe gegeben, zu vergeben und zu vergessen?

Es scheint schwer zu sein, aber Vergessen und Vergeben sind möglich. Du darfst die Vergangenheit nicht hervorziehen. Tausende von Ehen haben Untreue überlebt, aber nur dadurch, daß gottgewirkte Buße wegen der Sünde und Vergebung nach Christi Vorbild Hand in Hand gingen."

Die Bibel sagt: „Eines Mannes Einsicht macht ihn langmütig, doch über Fehler hinwegzusehen, ist das Schönste an ihm" (Sprüche 19,11).

7. *Verschließt Euch nicht voreinander; seid allezeit offen!*

Zieht Euch nicht in Euch selbst zurück, macht nicht die Tür hinter Euch zu, wenn es anfängt zu wackeln. Eine junge Ehefrau bedrängte mich: „Sprechen Sie meinem Mann doch Vernunft zu; immer verschließt er sich vor mir, wenn wir Meinungsverschiedenheiten haben. Er läßt sich auf keinen Streit ein. Er macht einfach die Tür hinter sich zu und läßt mich im eigenen Saft schmoren. Wenn er wieder zur Ruhe gekommen ist, kommt er nach Hause. Er ist eiskalt, bis ich klein beigebe. Er hält es tagelang aus, ohne ein Wort zu sagen. Das kann ich nicht ausstehen. Mir wäre es lieber, wenn er schimpfen oder brüllen würde, sogar, wenn er um sich schlüge."

Es ist verkehrt, zum Partner zu sagen: „Laß mich bloß allein. Mir geht es gerade nicht gut – ich will das mit mir selbst abmachen. Im Augenblick will ich niemanden in meiner Nähe haben." Das ist nicht nur dumm – es ist eine echte Demütigung. Worum geht es denn in der Ehe, wenn nicht um Gemeinsamkeit und gegenseitige Hilfe in jeder Krise?

Entschuldigungen sind schnell zur Hand: „Es liegt an der Jahreszeit." „In meinem Leben verändert sich etwas." „Ich fühle mich nicht wohl." „Ich hatte einen schlechten Tag auf meiner Arbeitsstelle." „Ich bin mit meinen Nerven runter."

Doch keine dieser Entschuldigungen gibt Euch das moralische Recht, den Menschen auszuschließen, der Euch liebt. Laßt die Tür zu Eurem Herzen offen für Hilfe, wenn Ihr in Not seid.

Die Bibel sagt: „Wie eine geschleifte Stadt, nun ohne Mauer, so ein Mann ohne Selbstbeherrschung" (Sprüche 25,28).

8. *Gebt Euch bewußt Mühe, den Fluß der Freude nicht vertrocknen zu lassen!*

Wenn die Freude am Herrn unsere Stärke ist (Nehemia 8,10), dann sollten gute Ehen vor Freude überfließen. Wenn in der Ehe die Freude verloren geht, wird sie schwach und verletzlich. Zeigt mir ein fröhliches Zuhause, und ich zeige euch ein fröhliches Ehepaar am Steuer.

Wenn Mann und Frau nicht mehr zusammen lachen und spielen, geht ihre Liebe füreinander verloren. Kennzeichen echter Liebe ist eine fröhliche Kindlichkeit. Manche Ehe leidet unter zu nüchternen Ehemännern und traurigen Ehefrauen.

Natürlich gibt es Probleme. Zum einen Krankheit, dann unvorhergesehene Sorgen, finanzielle Probleme, Mißverständnisse, Leid, bis hin zum Tod. Aber das Leben geht weiter – und es ist eine Schande, daß sich so viele Ehepaare niemals am Leben freuen können. Sie verlieren nicht die Hoffnung, daß sie eines Tages glücklich und zufrieden sein werden – wenn alle Rechnungen bezahlt sind, wenn die Kinder erwachsen sind, wenn sie auf Rente gehen. Das Leben ist so schnell vergangen, und alles was ihnen daraus geblieben ist, sind die Runzeln und Falten auf ihren grämlichen Gesichtern.

Die Zukunft beginnt jetzt. Gott ist auf dem Thron, und er hat alles unter Kontrolle.

Michael und Shelley, dankt Gott, daß Ihr mit einem Partner gesegnet seid, der Euch liebt. Nehmt Euch vor, jede einzelne Minute zu genießen. Laßt die Freude fließen! Das Gute überwiegt das Schlechte – also Kopf hoch und lebendig bleiben.

Nochmals ein Bibelvers für Euch: „Ein fröhliches Herz befördert die Gesundheit; doch ein gedrücktes Gemüt zehrt den Körper aus" (Sprüche 17,22).

9. *Sucht den Rat Christi in jeder Angelegenheit Eurer Ehe!*

Adam und Eva ließen die Falschheit in ihre Ehe und machten ihre Rebellion vollständig, indem sie sich vor der Gegenwart Gottes versteckten. Gott versteckt sich nie – das tut nur der Mensch. Aber Gott nahm lebhaften Anteil an dieser ersten Ehe, und jede einzelne Ehe unter Christen heutzutage interessiert Ihn genauso.

Eine Ehe ohne mindestens einen Partner, der sich an Jesus hält, hat immer eine kleinere Überlebenschance. Es bedarf einer direkten Verbindung zum Thron. Am besten ist es, wenn beide, Mann und Frau, mit Ihm reden – doch wenn einer der Partner vor Gott davonläuft, ist es dem andern um so mehr anbefohlen, sich im Stillen nach Hilfe und

Richtungsweisung auszustrecken. Eine betende Ehefrau kann oft ihre Ehe retten – ebenso ein betender Ehemann.

Menschliche Liebe reicht nicht aus, einer Ehe Lebenskraft zu geben – das kann nur Gottes Kraft. Diese Kraft pulsiert gerade jetzt, sie heilt und bewahrt Ehen! Eine Scheidung ist das Ergebnis, wenn einer oder beide den Glauben verlieren. Doch wo Jesus König ist, kann eine Ehe bestehen!

„Ihm aber, der die Macht hat, euch vor jedem Fehltritt zu bewahren und euch untadelig in Frohlocken vor das Angesicht Seiner Herrlichkeit hinzustellen, ihm gebührt Herrlichkeit... (Judas 24,25).

Michael und Shelley, mit diesem Brief besitzt Ihr viele der Zutaten, die Eurer Ehe wahrhaft zum Funktionieren und Bestehen helfen können. Ich bete für Euch, daß Ihr viele dieser einfachen Grundsätze mit Leben erfüllen könnt und erfahrt, wie Gott Sein Bestes Eurem Leben und Eurer Ehe zugleich verleiht.

In Liebe für Euch beide
Vater

Wenn niemand die Hand reicht,
wird niemand berührt.

Kapitel 6

Handreichen und Berühren mit Worten

Wieviel Mut macht doch ein freundliches Wort, gesprochen oder geschrieben. Allzuoft aber hat man es mit Worten zu tun, die im Ärger, aus Verletztheit oder im Groll gesprochen wurden und im Übermaß unnötiges Leid bewirken. „Die Zunge aber vermag kein Mensch zu bändigen; sie ist ein nimmermüdes Übel, voll tödlichen Giftes. Mit ihr preisen wir den Herrn und Vater, und mit ihr verfluchen wir die Menschen, die nach Gottes Ebenbild geschaffen sind. Aus demselben Munde geht Segen und Fluch hervor. Das darf nicht so sein, meine Brüder" (Jakobus 3, 8—10).

Folgende Briefe von meinem Sohn und meiner Schwiegertochter lassen die Liebe durchscheinen, die sie fühlen. Und bei jedem Durchlesen wurde ich zutiefst berührt.

An Don und Joyce Gossett

Ich dachte, ich sollte heute an Euch beide schreiben – Michael und ich sind Euch wirklich dankbar für die ganze Vorbereitung unserer Hochzeit und natürlich des Hochzeitstages selbst.

Deine Predigt am 17. Mai hat mich tief berührt, und ich werde sie immer als etwas Kostbares im Herzen bewahren. Als Du sagtest: „Verliert einander in eurer Liebe", wurde mir klar, daß damit auch gemeint war, sich in Gott zu verlieren, weil alle Liebe von unserem Vater im Himmel kommt.

Am selben Tag sagtest Du auch, daß Du uns für (Deine) Enkel begeistern wolltest. Nun hängt das von Michael ab, aber, was ihm nicht klar ist – oder vielleicht doch –, letzten Endes ist das Gottes Sache. Ich sehe Kinder als Geschenk des Vaters – und wenn er es für richtig hält, uns diese ‚zweite Gabe' zu geben (denn die erste ist die Errettung), dann werden wir Deine Enkel bekommen. Wir würden ganz gerne mindestens zwei Jahre warten.

Wenn ich mich umsehe und meine Freundinnen betrachte, die Kinder haben, muß ich staunen – auch darüber, wieviele Schwierigkeiten sie ihnen machen, weil der Herr nicht die Nummer Eins im Hause ist. Ich danke Gott dafür, daß unsere Kinder, wenn sie einmal da sind, in einem christlichen Zuhause erzogen werden, mit christlichen Freunden, und eine christliche Schule besuchen werden. Ich glaube, es ist entscheidend, wohin man seine Kinder zur Schule schickt – die Kleinen sind fast acht Stunden täglich da, fünf Tage wöchentlich und, wenn sie bis zur zwölften Klasse bleiben, zwölf Jahre ihres Lebens. Während dieser zwölf Jahre nun, und das ist meine Meinung, üben sie sich darin, sich mit ihrem Leben ganz auf Gott auszurichten, sei es Seine Hilfe bei der Arbeit, in der Schule, seien es Alltagsprobleme der Kinder und so weiter. Staatliche Schulen scheinen mir einfach nicht die richtige Zielsetzung zu haben, und deshalb sind sie für mein Gefühl heutzutage so wirkungslos.

Ich bin nicht sicher, ob Ihr wißt, wie Michael und ich uns kennengelernt haben. Aber während der Festsaison haben meine Freundin Soli und ich eine Party in der Kirche für unsere Freunde ge geben, und Michael kam vorbei. Ich habe damals nicht ein einziges Mal darüber nachgedacht, daß wir im Mai verheiratet sein würden. Aber ich wußte, daß er ein hohes geistliches Potential hatte, und seitdem sind Michael und ich geistlich Tag um Tag zusammengewachsen. Wir versuchen, die Bibel durchzugehen und nehmen uns das auch für näch stes Jahr vor. Wißt Ihr, Eure ,Lebendigen Bibelkarten zum Mutmachen' sind einfach stark für eine effektive Kurzpredigt als erstes am Morgen. Michael und ich stehen nämlich wirklich früh auf, wenn ich zur Arbeit fahre, und dafür brauchen wir täglich eine Stunde, und ich habe den Tag immer mit Gebet angefangen und etwas Bibellesen, aber Eure Karten – die sind wirklich toll!

Ich glaube, ich sollte Euch etwas von unserem Honeymoon in Edinburgh in Schottland erzählen. Wir hatten viel Spaß, und meine Freunde und Familie haben Michael in ihr Herz geschlossen. Sie meinten, er war und ist eine sehr gute Partie für mich. Michael fiel die Gastfreundlichkeit meiner Familie auf, und wahrscheinlich hat er Euch davon erzählt, aber sie waren immer und zu jedem gast-freundlich – es muß bemerkt werden, daß Michael etwas Besonderes ist. Wir waren bei meiner Schwe-ster Norma und ihrem Mann Colin und meinem Neffen Keith, zehn Jahre alt. Sie haben uns wirklich im wahrsten Sinne des Wortes viel gegeben. Meine

Eltern zeigten uns die Gegend – und um die Wahrheit zu sagen, manches war auch für mich neu. Obwohl ich in Edinburgh aufgewachsen bin, habe ich die historischen Sehenswürdigkeiten als etwas Selbstverständliches angesehen, und jetzt, wo ich weg bin, lerne ich mein Land wirklich schätzen. Es war sehr traurig, alle zurückzulassen, und mir rollten die Tränen nur so über die Wangen am Flughafen Prestwick – auch meinen Verwandten ging es so. Wir waren in dem Augenblick sehr gerührt, und Ihr könnt das wohl nachfühlen, denn als Ihr Michael und Donnie am Flughafen bei ihrer Reise nach Asien verabschiedet habt, war das wohl so unvergeßlich, daß Ihr Euch jetzt noch daran erinnert. Ich habe Vancouver in Kanada als mein neues Zuhause erwählt, und obwohl sich mein Leben hier abspielt, wird es doch immer zu Schottland, zu Land und Familie gehören. Aber Gott war so gut zu mir, und er hat mir den Leib Christi auch als meine Familie gegeben – und das begeistert mich.

Ich muß jetzt schließen, weil die Zeit drängt, aber ich möchte Euch beiden sagen, daß es mir eine Freude ist, zu Eurer Familie zu gehören – und daß Ihr für Michael und mich eine Quelle der Inspiration seid. Ich danke Euch dafür, daß Ihr Michael im Herrn erzogen habt und ihn im Herrn unterwiesen habt. Ihr wißt ja, wenn Jesus wiederkommt, wird Vollkommenheit herrschen, aber Michael ist in meinen Augen jetzt schon vollkommen. Ich liebe ihn sehr, und er ist ein wirklich lieber Mann. Aber um auf Euch zurückzukommen – eure Kinder sind tolle Kerle und ihr habt die süßesten Enkel der

Welt, Jennifer und Al. Ich danke Euch, daß Ihr so seid, wie Ihr seid.

Gott segne Euch beide!
In Liebe, Shelley

Lieber Papa,

Shelley und ich möchten uns für die Briefe bedanken, die Du uns geschrieben hast. Wir haben Deine Ratschläge gern immer wieder durchgelesen, auch wenn wegen Verspätungen auf dem Weg über den Ozean manche der Briefe am gleichen Tag ankamen.

Du weißt, wie sorgfältig wir unsere Hochzeit vorbereitet hatten. Es war ein schönes Stück Planung, bis alles beisammen war. Beten, Planen, Organisieren, Schreiben, Telefonieren, Sparen, Ausgeben, Üben, Dekorieren usw.... Im Rückblick bin ich froh, daß wir die Einzelheiten mitbedacht haben. Das hat sich ausgezahlt, Papa, schon für die Hochzeit und besonders für unsere Ehe.

Deine Kassette „Wie eure Ehe gelingt und hält" war eine der ersten Botschaften, die wir durchgearbeitet haben. Wir haben viele nützliche Hinweise und Ratschläge darin gefunden, und weil sie kurz ist, kann man sie leicht wiederholen. Für unseren Autorecorder haben wir uns auch eine Kopie gemacht.

Du erinnerst Dich wohl an den ausgiebigen Seelsorgekurs, den wir an unserer Kirche belegt hatten. Auch das hat sich als wertvoll erwiesen. Wir haben viele Stunden bei persönlicher Seelsorge verbracht und uns über alle möglichen Fragen mitmenschlicher Beziehungen und damit zusammenhängenden Problemen unterhalten. Unsere Lösungen und Vorschläge haben wir uns sorgfältig überlegt, und sie waren immer vernünftig und schriftgemäß. Es war nicht immer leicht, am Kurs teilzunehmen, aber es war die Führung des Herrn, als wir zum Thema Ehe alles so gründlich wie möglich studierten. Shelley und ich fanden auch den weiterführenden Lesestoff sehr hilfreich, besonders die Bücher von Tim und Bev LaHaye. Nach diesem Kurs hatte ich das Gefühl, daß uns klarer war, wo die Prioritäten sind, und daß unsere Beziehung fester gegründet war.

Es ist wirklich etwas sehr Schönes, frisch verheiratet zu sein. Wir schweben immer noch im Aufwind der Begeisterung über unser gemeinsames Leben. Ich danke dem Herrn für Shelley. Ich finde sie nicht nur äußerlich attraktiv, auch ihre Hingabe an Jesus reißt mich mit. Ich bin froh, daß ich sie geistlich gesehen nicht ‚tragen‘ muß, weil sie wirklich an unseren gemeinsamen Dienst glaubt.

Ihre strahlende, fröhliche Persönlichkeit inspiriert mich nicht weniger. Du weißt ja, daß ich manchmal trübselig bin, unzufrieden und perfektionssüchtig (typisch für ein melancholisches Künstlertemperament, fürchte ich…). Shelleys optimistische und energische Einstellung zum Leben ist ein Gleichgewicht zu meiner manchmal zu ernsten Haltung. Wir passen gut zusammen. Augenscheinlich wußte der Herr genau, was Er tat, als er uns zusammenbrachte.

Ich habe Shelley mit Freuden erzählt, was in unserer Familie hochgehalten und geglaubt wird.

Manchmal merke ich, daß ich sie dazu anhalte, auf das zu achten, was sie bekennt, und was ihre Worte ausrichten können, und daß sie den Herrn oft preisen sollte. Das ist ihr natürlich nicht ganz neu, vielleicht aber die Sichtweise der Gossetts.

Das Beispiel, das Mama und Du vorgelebt haben, weiß ich sehr zu schätzen. Ich habe all die Jahre lang beobachtet, wie die Botschaft kam, sich entwickelte, in die Bewährung ging und dann anderen weitergegeben wurde. Ziemlich oft habe ich Euch durchhalten sehen, gegen alle Wahrscheinlichkeit und unter starkem Druck. Ihr habt nicht nur Eure Ehe in Gang gehalten, sondern auch Euren Dienst. Es hat Euch viele Opfer und Gebefreudigkeit abverlangt, aber ich weiß, daß Gott Euch mit 30 spannenden und fruchtbaren gemeinsamen Jahren gesegnet hat. Damit habt Ihr etwas Bedeutsames erreicht, Papa, und wir bewundern das und danken dem Herrn dafür.

Ich möchte Euch für die Jahre der Erziehung und des Durchtragens danken. Ich habe ein reiches Erbe an offenen Möglichkeiten, Erfahrungen und Gottes Segen. Du hast mir immer wieder Mut gemacht, nicht einfach ein nettes christliches Mädchen zu finden, sondern eine besondere Frau, eine mit einem Ruf in den Dienst, die meine Sicht teilt. Shelley ergänzt mich voll und ganz. Es ist schön, sie zu lieben und mein Leben mit ihr zu teilen. All das ist eine sehr schöne Verwirklichung eines Traumes, und jede Wartezeit war ihrer wert.

Deine Anteilnahme ist in jedem Deiner Briefe klar zu erkennen. Deine Gebete, die Ermutigung und die Liebe haben mich zu dem gemacht, was ich

76

bin. Ich danke Euch beiden dafür, daß Ihr da seid.

Alles Liebe!
Michael

Strecken Sie Ihre Hand aus – mit Ihren Worten – und berühren Sie jemanden mit Ermutigung, Liebe und Freundlichkeit. Achten Sie sorgfältig auf das, was Sie sagen und schreiben, denn Worte sind wirkungsvoller, als es Ihnen scheint. Schließlich wird man das, was man von sich sagt!

Wenn niemand die Hand reicht,
wird niemand berührt.

Kapitel 7

Handreichen und Berühren durch Freundlichkeit

Andrew Blackwood jr., ein berühmter Prediger, schrieb einmal: „Wenn Gott redet, spricht er gewöhnlich in Freundlichkeit durch eine menschliche Stimme. Nichts läßt den Klang Seiner Stimme so schnell verstummen wie Nörgelei, Kritik und Unfreundlichkeit."

In den vielen Jahren meines Dienstes habe ich Hunderte von Predigern gehört, kam ich in zahlreiche Situationen, in denen ‚Gott redete'. Ich bin der gleichen Meinung wie Bruder Blackwood: immer, wenn Gott redet, klingt es freundlich.

Es mag Ausnahmen gegeben haben, wenn jemand Gottes Botschaft mit donnernder Stimme wiedergab, aber die Worte, die mir am meisten gesagt haben, hat Gott mir auf freundliche Weise mitgeteilt. Wenn ich nörgelnden, kritischen und unfreundlichen Worten ausgesetzt war, habe ich nicht die Stimme Gottes gehört, eher schon die Stimme Satans.

Epheser 4, 32 sagt: „Seid vielmehr gegeneinander gütig und barmherzig, einer verzeihe dem andern, wie auch Gott euch in Christus verziehen hat." Gott bringt nur eine Sorte Christen hervor, und die ist freundlich. Das ist der Maßstab für das Leben eines wahren Christen.

Galater 6, 1: „Brüder, wenn auch einer auf einem

Fehltritt betroffen wird, so bringt ihr ihn als Geist-
menschen im Geiste der Sanftmut wieder auf den
rechten Weg; gib dabei acht auf dich selbst, daß
nicht auch du in Versuchung kommst." Zum Dienst
der Freundlichkeit gehört als wesentlicher Bestand-
teil das Zurechtbringen derer, die fehlgegangen
sind.

Ein weiterer wohlbekannter Diener des Herrn,
Roy McChin, schrieb: „Wenn ich auf mein Leben
zurückschaue, sind die bemerkenswerten Daten
nicht mein Bekanntheitsgrad als Redner und auch
nicht mein aufgehäuftes Wissen, das ich weitergegeben habe. Was in meinem Leben wesentlicher als
alles andere war, sind die Erlebnisse, bei denen ich
Freundlichkeit zeigen konnte." Freundlichkeit gilt
uns deshalb mehr als andere Charakterzüge im
Leben, weil sie ein Ausdruck der Liebe ist, die Jesus
gezeigt hat. „Die Liebe ist langmütig und gütig"
(1. Kor. 13, 4).

Was die andere Seite der Medaille angeht, so
könnte man sagen, daß die besonders bedauerli-
chen Ereignisse im Leben solche sind, die uns
unfreundlich, selbstsüchtig und verletzend darge-
stellt haben. Ich denke dabei an meinen Bruder
Richard, mit dem ich aufgewachsen bin. Er ist
schon seit vielen Jahren im Himmel, aber die guten
Erinnerungen, die ich an unsere Jugendzeit habe,
gipfeln in den Augenblicken, in denen ich ihm
Freundlichkeit zeigte. Und was ich bereue, waren
Augenblicke der Unfreundlichkeit.

Kol. 3, 12: „Zieht Freundlichkeit an." Freundlichkeit ist etwas Reales, nichts ‚Übergestülptes'.
Doch wir sollen als einen Akt des Glaubens Freund-

lichkeit anziehen. Gott hat Seine Liebe in unsere Herzen ausgeschüttet, und durch Seine Liebe sind wir freundlich. Wir müssen Freundlichkeit angezogen haben.

Ich glaube, es gilt für alle unsere Beziehungen, die wir nach positiven oder negativen Eindrücken sortiert haben, daß ihr primärer Wert das Maß an Freundlichkeit ist, das wir zeigen. Wir haben recht gehandelt, wenn wir gütig waren; wir handelten falsch, wenn wir unfreundlich waren. Ganz gewiß bringt das Leben viele Verletzungen mit sich. In Epheser 4, 32 stellt Gott eine Verbindung zwischen Güte und der notwendigen Vergebung füreinander her. Wir sollen nicht nur freundlich sein, sondern auch ein mitfühlendes Herz zeigen. Solche Sanftheit bedeutet nicht Weichherzigkeit. Wir sollen anderen vergeben, so wie Gott uns um Christi willen vergeben hat!

Die Bibel stellt uns in Sprüche 31 eine wahre Frau vor. In Vers 26 begegnen wir dieser ausgezeichneten Charakteristik: „In Weisheit tut sie den Mund auf; und von ihrer Zunge kommt freundliche Weisung."

Freundlichkeit ist nirgendwo wichtiger als in der ehelichen Beziehung. Bruder Blackwood hat zu Recht festgestellt: „Nichts läßt den Klang Seiner Stimme so schnell verstummen wie Nörgelei, Kritik und Unfreundlichkeit." Falsche Einstellungen und unfreundliche Worte betrüben das vom Heiligen Geist geplante harmonische Zusammenleben in der Familie.

Denken Sie an das, was man sich bei der Hochzeit verspricht, an die Wichtigkeit der Güte. In ehelichen Beziehungen wirkt Unfreundlichkeit häufig zerstörerisch. Ehemänner, aufgepaßt: Bei Ihrem Umgang mit Ihrer Frau erwartet Gott Freundlichkeit. Sie läßt sich so beschreiben: Der Freundliche zeigt Mitgefühl, Anteilnahme und Verständnis. Hergehört, Ehefrauen: Ihre Beziehung zu Ihrem Mann sollte Freundlichkeit als Kennzeichen tragen.

Freundlichkeit ist nicht nur eine Gnade, sondern auch ein Gesetz, wie Sprüche 31, 26 zeigt, ein Gesetz und ein Grundsatz. Ehefrauen, Gott will besonders Ihnen sagen, daß Sie, um biblisch zu leben, um Gott wohlzugefallen, dieses Gesetz der Freundlichkeit auf Ihrer Zunge haben sollen. Damit wir uns eine solche Person vorstellen können, betrachten wir das Bild, das uns in den Sprüchen gezeigt wird: Eine Ehefrau, die dieses Gesetz der Freundlichkeit auf ihrer Zunge nicht kennt. Es ist eine sehr traurige Angelegenheit, wenn sie unfreundlich ist: Eine zänkische Frau wirkt sich verheerend aus. Wenn Gott durch eine Ehefrau oder Mutter spricht, klingt Seine Stimme freundlich, nicht schroff, kritisch oder unfreundlich. Demnach sollte jeder in allen Beziehungen sich die Freundlichkeit zum obersten Anliegen machen.

Vielleicht läßt sich dieses Gesetz der Freundlichkeit am besten durch eine wahre Geschichte von J. J. Schell illustrieren, dessen ganzes Leben der Güte gewidmet war:

J. J. Schell war eine einzigartige Persönlichkeit, dessen Lebensmotto lautete: „Ich lebe, um zu geben, nicht, um zu nehmen." Er lebte in Moose Jaw in Saskatchewan. In jungen Jahren hatte er seine Braut verloren und entschied sich, nicht zu heiraten. Trotzdem lag es ihm am Herzen, eine Familie zu gründen. Nach und nach adoptierte er vierzehn Kinder, ließ sie in einem Zuhause voller Wärme und Geborgenheit aufwachsen und vermittelte ihnen eine starke christliche Atmosphäre. Jedesmal, wenn ich Mr. Schell besuchte, kamen ein oder zwei seiner mittlerweile erwachsenen Kinder auf einen Sprung vorbei, um nach ihrem ‚Papa' zu sehen. Oft habe ich liebevolle Worte für diesen Mann, der so selbstlos für sie sorgte, von ihnen gehört. Doch eine tiefe Tragödie seines Lebens – die der Herr zu Seiner Ehre umwandelte – hatte mit einem dieser Kinder zu tun. Mr. Schell erzählte mir von dieser Begebenheit.

Als einer seiner Adoptivsöhne, Steve, Teenager wurde, ging er auf der Nachbarsfarm bei einem reizbaren Mann, einem Mr. Jones, zur Arbeit. Dieser Farmer verprügelte regelmäßig und auf gemeine Art Steve und die anderen Hilfen; und doch beschwerte Steve sich nie, denn er war harte Arbeit gewöhnt. Eines Tages verletzte Steve zufällig eins der Pferde des Farmers. Voller Angst vor Jones unvermeidlicher Rache lief Steve nach Hause und bekannte Mr. Schell alles…

Steve kam in den Hof gerannt. „Papa, es war ein Unfall! Ich hab' den Stacheldraht nicht gesehen! Ich ritt gerade Galopp und hab' den Draht einfach nicht gesehen!" Der Junge war hysterisch. Sein Vater ließ die Hacke fallen und packte Steve bei den Schultern.

„Was ist los, Junge? Wovon redest du?" fragte er ernst.

„Mr. Jones ist hierher unterwegs, Papa! Er will

mich bestimmt verprügeln, weil das mit dem Pferd passiert ist!" Die Tränen rollten über Steves Gesicht.

„Immer langsam, mein Junge! Hol' mal tief Atem und beruhige dich. Erzähl mir alles von vorn."

Der Junge versuchte, seine Fassung wiederzugewinnen und holte stoßweise Luft. Etwas ruhiger fing er an: „Ach, Papa, ich hab' nicht viel davon gesagt, weil du uns beigebracht hast, für unseren Chef hart zu arbeiten und uns nicht zu beschweren. Aber Mr. Jones hat wirklich immer schlechte Laune; er brüllt uns Farmhilfen immer an und schlägt uns bei jedem Fehler. Immer tritt er nach uns und ist anscheinend nie zufrieden mit unserer Arbeit. Er liebt wohl nur seine Pferde. Und wenn einer seine Pferde nicht richtig behandelt, dann wird er fürchterlich wütend."

„Und was ist heute passiert, Steve? Warum hast du solche Angst?"

Steve fing an zu zittern und zu stottern: „Ich habe Beauty geritten, ein Lieblingspferd von Mr. Jones. Beauty war schon tagelang nicht gelaufen, deshalb habe ich sie gesattelt, zur oberen Weide geritten und ließ sie dann laufen! Wir ritten durchs Gestrüpp, und den Stacheldraht konnte ich einfach nicht sehen, bis… bis es zu spät war. Beauty versuchte drüberzuspringen…" Steves Stimme verlor sich für Augenblicke. „Ihre Beine und ihr Bauch hatten schlimme Schnittwunden, Papa, aber sie konnte immer noch laufen. Ich brachte sie in die Scheune zurück und machte sie so gut wie möglich sauber. Ich habe sogar den Tierarzt angerufen und gesagt, daß ich die Rechnung selbst bezahlen wollte. Aber als Mr. Jones hereinkam und alles sah... Mann, ich wußte, daß er verrückt würde. Deshalb kam ich nach Hause."

J. J. Schell legte seinen Arm um die bebenden Schultern seines Jungen und blieb ruhig einen Moment lang neben ihm stehen. „Junge, hast du Jones gesagt, daß es ein Unfall war?"

Steve nickte und kämpfte gegen seine Tränen an. „Papa, er hat einfach nicht zugehört. Er ist ein fürchterlicher alter Kerl, er hört nie zu!"

„Du meinst, er kommt her?"

„Bestimmt, Papa. Ich bin schon so schnell nach Hause gerannt, wie ich konnte. Er will mich verprügeln, ich weiß es. Er hat nichts lieber als seine Pferde, und jetzt hab' ich eins davon verletzt. Er ist so gemein, Papa; ich weiß einfach, daß er mich umbringen wird!"

„Nein, wird er nicht, Steve. Er wird dich nicht anrühren. Das lasse ich nicht zu. Geh' ins Haus rein, mein Sohn. Ich spreche mit Jones."

Bald kam der wutentbrannte Farmer bei Schells Haus an, entschlossen, den Jungen nach Strich und Faden zu verprügeln. J. J. Schell sah den sinnlos Wütenden und brachte ihn am Eingangstor zum Stehen.

Jones war furchtbar zornig und bestand darauf, Steve selbst zu bestrafen. Mr. Schell sagte, er würde zusehen, daß Steve für seine Achtlosigkeit angemessen behandelt werde, aber Jones war damit nicht zufrieden. Ein Streit folgte, als Mr. Schell versuchte, den Farmer zurückzuhalten. Gleich einer Löwin, die ihr Junges verteidigt, griff J. J. Schell nach seinem Gewehr und befahl Jones, sein Grundstück zu verlassen. Ein Kampf entstand daraus, und das Gewehr ging los.

Als Steve den Schuß hörte, rannte er aus dem Haus. Ein schrecklicher Anblick bot sich ihm: J. J. Schell hatte immer noch die rauchende Flinte in der Hand, und Jones lag flach auf dem Boden. Steve kniete nieder und betrachtete den blutüberströmten Körper genau. Langsam hob er seine Augen zum starr dastehenden Vater auf. „Er ist tot, Papa", flüsterte er. „Du hast ihn getötet!"

J. J. Schell wurde abends festgenommen und ins Gefängnis gebracht. In dieser Nacht, als er voller Gewissensbisse und Unsicherheit in der Zelle lag, schien ein helles Licht in seine Zelle, wie Mr. Schell sagte, und er hörte die ruhige und leise Stimme Gottes: „Ich verdamme dich nicht."

Der Prozeß ergab, daß der Richter Mr. Schell von der Schuld vorsätzlichen Mordes freisprach. Er habe einen ‚gerechtfertigten Totschlag' verübt. Der Richter verurteilte Mr. Schell zu sechs Monaten psychiatrischer Beobachtung in der regionalen Nervenheilanstalt in Weyburn in Saskatchewan.

Mr. Schell erzählte über diese vielen Monate in der Anstalt, wo wirklich gestörte und leidende Menschen untergebracht waren. In diesem dunkelsten Lebensabschnitt – hinter Gittern wegen Totschlags zur Verteidigung seines Sohnes – widmete J. J. Schell sich dem Gebet und Fasten, oft mehrere Tage hintereinander. Fröhlich sah er seine Gefangenschaft als Gelegenheit zum Zeugnis für Patienten und Krankenpfleger an. Wie Josef im Gefängnis des Pharao nutzte er klug seine Zeit für den Herrn, und viele wurden geheilt und gesunden Sinnes, weil er hier seinen Dienst sah. Gott gebrauchte ihn; und im Namen Jesu Christi brachte er vielen der Geistesgestörten Befreiung. Deshalb war sein Urteil in Wahrheit keine Bestrafung für ihn, sondern eine Gelegenheit, vielen zum Segen zu werden.

Nach sechs Monaten wurde er als geheilt aus der Anstalt entlassen. J. J. Schell kehrte zu seiner Familie in Moose Jaw zurück. Er arbeitete hart, hatte bald sein Leben wieder geordnet und nahm seinen Dienst der Liebe und des Gebens wieder auf. Nicht nur, daß er die 14 adoptierten Kinder aufzog, liebte und für sie sogar ins Gefängnis ging, sondern auch seine Liebe und sein Glaube an Gott waren überwältigend. Er gab sich der Arbeit für den Herrn freigebig und großzügig, fröhlich und freundlich hin.

Als ich Mr. Schell kennenlernte, war er schon in fortgeschrittenem Alter. Jedesmal, wenn ich nach Saskatchewan reiste, lud mich Mr. Schell zu sich nach Hause ein. Er bestand darauf, mich zu meinen Veranstaltungen zu fahren. Sein kurzsichtiges Chauffieren war ein Erlebnis. Mr. Schell huschte geschwind die Prairiestraßen entlang, und sogar in der Stadt machte er an Stopschildern und Kreuzungen kaum Halt. Ich verglich ihn manchmal mit König Jehu, denn die Bibel sagt in 2. Kön. 9, 20: „...und das Fahren gleicht dem Fahren Jehus, des Sohnes Nimschis, denn er fährt wie toll daher!"

Gott holte ihn im Jahre 1969 im Alter von 89 Jahren zu sich. J. J. Schell bedachte unseren Dienst in seinem Testament; seine großzügige Gabe trug sehr dazu bei, unsere Arbeit auszuweiten. Ich bewunderte J. J. Schell, der von göttlicher Liebe und

Freundlichkeit erfüllt war. Mit der Ausübung seiner Gabe des Gebens wirkte er wahrhaft inspirierend.

Glaubensbekenntnis des Gebers

1. *Ich lebe, um zu geben,* denn ich kenne die Worte des Herrn Jesus, als er sagte: „Geben ist seliger denn Nehmen" (Apg. 20, 35).

2. *Ich lebe, um zu geben,* fröhlich im Herrn. „Jeder gebe, wie er es sich im Herzen vorgenommen hat, nicht in Verdrossenheit oder aus Zwang; denn einen fröhlichen Geber hat Gott lieb" (2. Kor. 9, 7).

3. *Ich lebe, um zu geben* nach dem Maß des Segens, das ich vom Herrn empfangen habe. „Jeder bringe, was er geben kann, je nach dem Segen des Herrn, deines Gottes, den er dir verlieh" (5. Mose 16, 17).

4. *Ich lebe, um zu geben,* denn das ist der Liebe Weg. „Also hat Gott die Welt geliebt, daß er ... gab" (Joh. 3, 16). „Christus Jesus hat mich geliebt und sich selbst für mich ausgeliefert" (Gal. 2, 20).

5. *Ich lebe, um zu geben* ... den Zehnten und Opfer. Die Ergebnisse liegen auf der Hand ... die offenen Fenster des Himmels, überfließende Segnungen, so daß der Platz zum Speichern fehlt; Satan wird um meinetwillen in die Schranken gewiesen; dazu kommen viele weitere Wohltaten. Ich stelle mit Jakob fest: „Und alles, was du mir gibst, will ich getreulich verzehnten" (1. Mose 28, 22).

6. *Ich lebe, um zu geben,* und zwar umsonst, weil der Herr mir so viel gegeben hat. „Umsonst habe ich empfangen, umsonst gebe ich" (Matth. 10, 8).

7. *Ich lebe, um zu geben,* denn im Geben liegt das

Wesen des Lebens. Ich „gebe, so wird mir gegeben werden: Ein gutes, zusammengedrücktes, gerütteltes, überfließendes Maß wird man mir in den Schoß geben; denn mit dem Maße, womit ich messe, wird mir wieder gemessen werden" (Lukas 6, 38).

8. *Ich lebe, um zu geben,* denn das Leben besteht aus Saat und Ernte. „Das aber ist gewiß: Wer spärlich sät, wird auch spärlich ernten, und wer Segensfülle sät, wird auch Segensfülle ernten" (2. Kor. 9, 6).

Wenn ich nach diesem Glaubensbekenntnis lebe – *Ich lebe, um zu geben* –, werde ich nie im Mangel leben. Wenn ich lebe, um mein Geld wegzugeben, dann kümmert sich Gott immer um meine Bedürfnisse. Und wichtiger noch, ich habe immer genug für Gottes Absicht mit mir.

Die Hand in Freundlichkeit und Liebe zu reichen ist wohl kaum etwas Passives. Das bedeutet Risiko, Verletzbarkeit und erfordert eine starke und sensible Persönlichkeit zugleich. Das Beispiel des Lebens Jesu gilt für uns, und wir sollen in Seinen demutsvollen Fußspuren wandeln. Hör Ihm zu, sieh Ihm zu, und Seine Führung wird nicht auf sich warten lassen.

Ich lade Sie ein, dieses Risiko zu tragen, die Hand zu reichen, zu geben und in Freundlichkeit und Liebe andere zu berühren. Sie werden über die Maßen gesegnet werden.

Wenn niemand die Hand reicht,
wird niemand berührt.

Kapitel 8

Handreichen und Berühren
mit heiligen Händen

Vor mehreren Jahren führte ich in Georgestown, St. Vincent, in der Karibik, eine gewaltige Evangelisation im Freien durch. Abend für Abend stand ich auf dem Podium und sah zu, wie Hunderte ihre Hand emporhoben, weil sie ihr Leben der Herrschaft Jesu Christi übergaben. Eines Abends schickte man seitens der Regierung einen Polizeioffizier, um Pastor Charles, den Evangelisationsverantwortlichen, und mich über diesen Dienst zu befragen. Seine besondere Aufmerksamkeit galt unserer ‚merkwürdigen Art' des Gottesdienstes: erhobene Hände im Lobpreis, Gebet und in der Anbetung Gottes.

„Sir", sprach ich den Offizier an, „wir wissen, daß Jesus sagte: ‚Gott ist Geist; und wer ihn anbetet, muß ihn im Geist und in der Wahrheit anbeten' (Joh. 4, 24). Das Anzünden von Kerzen, das Errichten von Statuen und das Rutschen auf Knien und Händen sind menschliche Wege, um sich Gott zu nähern. Doch die Bibel befiehlt: ‚Tretet ein durch seine Tore mit Liedern des Dankes, in seine Vorhöfe mit Lobgesang' (Psalm 100, 4)."

Ich fuhr fort: „Es steht auch geschrieben: ‚Denn besser ist deine Huld als das Leben, meine Lippen singen dir Lob. Ich will dich rühmen mein Leben lang, in deinem Namen erhebe ich meine Hände'

(Psalm 63, 3–4). Deshalb erheben wir unsere Hände, wenn wir anbeten, weil Gottes Wort wahr ist, und Seine Wahrheit befiehlt uns, die Hände aufzuheben."

Dann machte ich dem Offizier klar, daß erhobene Hände weltweit das Zeichen für ,ich ergebe mich' sind, und ebenso die Anerkennung eines Sieges bedeuten. „Womit fing das alles an?" fragte er.

„Soweit ich weiß", erwiderte ich, „fing es mit einem Mann namens Mose in der Bibel an. Gott befahl Mose, seine Hände zu erheben, während Israel eine bestimmte Schlacht schlug. Solange die Hände des Mose vor Gott erhoben waren, obsiegte Israel. Wenn er seine Hände vor Erschöpfung sinken ließ, kehrte sich das Schlachtenglück gegen Israel. Deshalb kamen zwei Männer, Aaron und Hur, und stützten die Hände des Mose; dadurch gewann Israel die Schlacht." Als ich dem Polizisten die Bibelstelle in 2. Mose 17, 11–13 zeigte, war er zufrieden und zog ab.

Durch die ganze Bibel ziehen sich Textstellen, die beweisen, wie wichtig es ist, die Hände in Lobpreis und Anbetung zu erheben. „Ferner will ich, daß die Männer allerorts, wenn sie beten, heilige Hände erheben, frei von Zorn und Zweifel" (1. Tim. 2, 8). Viele Christen sehen über diesen biblischen Befehl hinweg, aber wieviel Freude macht es, zu gehorchen und Gott heilige Hände entgegenzuhalten. Den Herrn ,mit allem, was in uns ist' (Psalm 103, 1), zu preisen, hat auch zum Inhalt, daß wir unsere Hände zum Herrn aufheben!

„Erhebet eure Hände zum Heiligtum und preiset den Herrn..." (Psalm 134, 2). Im öffentlichen Gottesdienst soll alles „mit Anstand und nach der Ordnung" vor sich gehen (1. Kor. 14, 40). Doch es liegt absolut nichts Unanständiges oder Unordentliches vor, wenn man Jesus „im Heiligtum" mit Handaufheben preist.

„Wie Weihrauch steige empor zu dir mein Gebet; meiner Hände Erheben sei wie das Opfer am Abend" (Psalm 141, 2). Die Hebräer hatten zur Pflicht, ein Lamm als ‚Abendopfer' darzubringen. Durch Jesus wird uns jetzt bedeutet, „Gott allezeit ein Lobopfer darzubringen" (Hebr. 13, 15). Das ‚Erheben der Hände' im Lobpreis gilt als Abendopfer und ist also dem Herrn wohlgefällig.

„Meine Hände breite ich aus nach dir, meine Seele dürstet nach dir wie trockenes Land" (Psalm 143, 6). Das Ausstrecken unserer Hände ist Zeichen unseres aufrichtigen und ernstlichen Durstes nach dem Herrn Jesus Christus, der ganz allein unseren Durst stillen kann.

Auf der ersten ‚Weltkonferenz über den Heiligen Geist' 1974 in Jerusalem, diente ich als einer der Koordinatoren. Zu den schönsten Momenten gehörte es, wenn ich auf dem Balkon stand und die Delegierten aus aller Welt zu Tausenden den Herrn im weltumspannenden Ausdruck des Erhebens der Hände anbeten sah. In vielen Sprachen drückten sie ihren Lobpreis aus, doch die erhobenen Hände sagten als Zeichen dasselbe aus: Durst nach dem lebendigen Gott. Der Anblick war wunderbar.

Das Aufheben heiliger Hände im Gebet, Lobpreis und in der Anbetung entspricht dem Verlangen Gottes an uns. Die menschliche Ordnung der Religionen sind Zeremonien und Rituale gemäß der jeweiligen Tradition. Doch Gottes Anbetungsordnung ist Leben, Freiheit und das liebliche Erheben unserer Hände.

In den letzten Monaten sind Hunderte zu ‚Lobpreis-Läufern' geworden, indem sie meiner Aufforderung nachgekommen sind, einen siebentägigen Lobpreis-Lauf durch ihre Wohnung zu wagen. Sie staunten über die Ergebnisse.

Haben Sie schon einmal so einen Lauf gemacht? Sie werden entdecken, wie der Heilige Geist in überwältigender Weise Ihre Ausdauer belohnt. Und damit machen Sie dem wunderbaren Herrn Freude, der all Ihrer Preisungen wert ist!

Und so geht der Lobpreislauf in sieben Tagen...

Erster Tag:

Machen Sie sich an diesem ersten Tag Ihres Lobpreislaufes die Mühe, *durch jedes Zimmer Ihrer Wohnung zu gehen* und den Herrn bei jedem Schritt zu preisen. Ziel Ihres Lobpreislaufes ist das Eintauchen und die sprichwörtliche Sättigung Ihres Lebens mit Gottes Gegenwart. Psalm 22, 3: „Du bist der Heilige, der in den Preisungen Israels wohnt."

Beim Schreiten und Lobpreisen wird der Heilige antworten und in Ihrem Lobpreis gegenwärtig sein – Seine Gegenwart überreich manifestieren. 2. Chron. 5, 13–14 sagt aus: „Wie einstimmig ließen die Bläser und Sänger gemeinsam ihre Stimme erschallen, um den Herrn zu preisen und zu loben. Als sie die Trompeten, Zymbeln und Musikinstrumente erklingen ließen, lobten sie den Herrn: Denn er ist gut, und ewig währet seine Huld. Die Priester vermochten nicht mehr zur Verrichtung ihres Dienstes vor der Wolke stehen zu bleiben. Denn die Herrlichkeit des Herrn erfüllte das Haus Gottes."

Zweiter Tag:
Üben Sie sich in der schönen Kunst des *Handaufhebens* im Lobpreis, wenn Sie sich durch Ihre Wohnung bewegen. Psalm 63, 3−4: „Denn besser ist deine Huld als das Leben, meine Lippen singen dir Lob. Ich will dich rühmen mein Leben lang, in deinem Namen erhebe ich meine Hände."

Das Erheben der Hände vor dem Herrn ist das Zeichen, daß Sie sich Seiner Herrschaft ergeben. Reichen Sie in liebevoller Anbetung Ihm Ihre Hand.

Dritter Tag:
Singen und jubilieren Sie vor dem Herrn in Lobpreisliedern. Sie stehen unter dem Gebot, „mit Gesang in seine Gegenwart zu treten" (Psalm 100, 2). Widmen Sie diesen wunderbaren Tag Ihres Lobpreislaufes, „dem Herrn im Herzen zu singen und jubeln" (Eph. 5, 19). Nicht die Schönheit Ihrer Stimme ist entscheidend, denn sogar ‚fröhlicher Lärm' macht Gott Freude (Psalm 100, 1)! Erheben Sie Ihre Stimme triumphierend und zu Gottes Ehre. Verherrlichen Sie den Schöpfer der Musik, der Sein Lied des Lobpreises in Ihren Mund gelegt hat.

Psalm 40, 3: „Er legte mir ein neues Lied in den Mund, ein Lied des Jubels für unseren Gott." Er hört Sie gern zu Seiner Ehre singen – jede Note, jede Melodie ist angenehm vor Ihm.

Vierter Tag:
Erfüllen Sie Gottes Erwartungen an Sie und *opfern* Sie Ihm *beständig Lobpreis.* Ordnen Sie Ihre Sinne und Gefühle im Gehorsam unter Seine Weisung, „Gott allezeit ein Lobopfer darzubringen" (Hebr. 13, 15). Bleiben Sie beständig dabei und preisen Sie Ihn, wenn Ihnen danach zumute ist... *und* wenn Ihnen nicht danach zumute ist!

Fünfter Tag:
Im Zentrum steht heute Ihre Ehrerweisung für Gott wegen Seiner Güte an Ihnen. *Zählen Sie Seine wunderbaren Werke in Ihrem Leben auf* (Psalm 103, 1—5). Vergessen Sie nicht, Ihm wohlzutun! Preisen Sie den Herrn mit allem, was in Ihnen ist, für Seine Errettung, Seine Heilung, Seinen Schutz, Seine geistlichen und irdischen Segnungen. Durchdringen Sie jeden Raum Ihrer Wohnung mit Aussagen von Lobpreis und Danksagung.

Sechster Tag:
Frohlocken Sie, wenn Sie durch Ihre Wohnung gehen. *Erheben* Sie den Herrn im Himmel, der Ihre Quelle der Freude ist. Psalm 63, 5: „Mit Lippen des Jubels lobsinget mein Mund."

Preisen Sie Jesus anbetend beim Gehen, geben Sie Ihm Namen und Titel, die Seinen Charakter, Seine Art beschreiben.

Siebter Tag:
Vor langer Zeit wurde den Kindern Israel befohlen, sieben Tage lang die Mauern Jerichos zu umrunden (Jos. 6). Am siebten Tag wurden sie angewiesen,

94

*ihren Lobpreis vor dem Herrn als Geschrei darzu-
bringen.* Als sie das taten, stürzten die Mauern ein.
An diesem siebten Tag Ihres Lobpreislaufes *rufen
Sie Gott Ihren Lobpreis entgegen,* und glauben Sie,
daß die Mauern, die Hindernisse, das, was Ihr
Leben bedrückt, in sich zusammenfallen wird!

Allgemeine Anmerkungen:
Mindestens einmal täglich sollten Sie folgende
kleine Übung machen: Halten Sie Ihre linke Hand
empor. Berühren Sie mit Ihrem rechten Zeigefinger
jeden Finger Ihrer linken Hand zweimal, und sagen
Sie zehnmal hintereinander: „Preis dem Herrn!"

Nicht nur bei der Anbetung und im Lobpreis
sollen unsere Hände eingesetzt werden, sondern
auch im Dienst. Mit meiner siebenköpfigen Familie
saßen wir viele Jahre hindurch beim Danksagen um
den Tisch und hielten uns an der Hand. Es bringt
uns einander näher, dieses Glück, einander
berühren zu können. Wer so oft wie möglich eine
Berührung anzubringen versucht, wird entdecken,
wie lebendig damit die Liebe Jesu ausgeteilt werden
kann. Wenn man so in Verbindung steht, spielt sich
etwas Besonderes ab!

Christen sollten einander oft umarmen. Unser
Beispiel dafür, wie wichtig solches Berühren ist,
gibt unser Herr selbst. Auf diese Weise hat er
kleinen Kindern Liebe erwiesen: „Er legte ihnen
die Hände auf" (Matth. 19, 15). Wir lesen in Markus
10, 16: „Und er umarmte und segnete sie, indem er
ihnen die Hände auflegte." Wer Kinder sanft
berührt, hat Wichtiges getan und nach der Schrift
gehandelt.

„Hast du heute schon dein Kind umarmt?" Auf einmal tauchte dieser Slogan auf Aufklebern, T-Shirts, Grußkarten, einfach überall auf. Ich kenne nicht den Urheber dieses Spruches, aber ich weiß um seine Wirkung.

Psychologen und Sozialarbeiter haben Tausende von Fällen jugendlicher Straffälligkeit sowie Fälle von Kindesmißhandlungen dokumentiert und einen gemeinsamen Faktor ermittelt: Die Eltern haben ihren Kindern selten oder nie Liebe erwiesen, weder durch Worte noch durch eine Berührung. Diese unglücklichen Kinder, entweder bei Vergehen gefaßt, mit denen sie Aufmerksamkeit erwecken wollten, oder wegen Vernachlässigung in Heime gesteckt, haben nie von ihren Eltern erfahren, daß sie selbst wichtig und etwas wert sind. Sie rebellierten verletzt und zornig gegen die Gesellschaft... und normale Beratung oder Zeichen echter Zärtlichkeit kann kaum mehr zu ihnen durchdringen. Traurigerweise vernachlässigen und mißhandeln diese Kinder als Erwachsene ihren eigenen Nachwuchs: „Wird der Sproß verbogen, wächst der Baum krumm."

Es ist so einfach, sein Kind oder seine Frau zu umarmen; das muß man nicht groß planen, man verausgabt sich weder kräfte- noch zeitmäßig. Ein zärtliches, ehrlich gemeintes Wort, ein Lächeln, ein Händedruck, oder am besten eine liebevolle Umarmung: damit läßt sich die Hand reichen und berühren!

Ihre Hände sind im Dienst für Gott entscheidend wichtig. Hebr. 6, 2 handelt von der ,Lehre des Handauflegens'. Hände können Kranken aufgelegt werden; dafür verheißt Jesus die völlige Gesundung. Hände können wegen der Taufe im Heiligen Geist aufgelegt werden, wenn es um das Empfangen geistlicher Gaben geht oder um viele Dienste, die sich aus dem Wort herleiten.

Handauflegen ist mehr als ein Ritual; es bewirkt eine Mitteilung des göttlichen Auftrags durch den Heiligen Geist. „Der Herr sprach zu Mose: Nimm dir Josua, den Sohn des Nun, einen Mann, in welchem Geist ist, lege ihm deine Hand auf, stelle ihn vor den Priestern Eleasar und die ganze Gemeinde, und setze ihn so vor ihren Augen in sein Amt ein" (4. Mose 27, 18−19). „Josua aber, der Sohn Nuns, war erfüllt vom Geist der Wahrheit, da ihm Mose seine Hände aufgelegt hatte" (5. Mose 34, 9).

Handauflegen ist die biblische Methode zum Austeilen von Gaben und Bestätigen von Berufungen: „Sie wählten Stephanus, einen Mann voll des Glaubens und des Heiligen Geistes, und Philippus ... Die nun brachten sie vor die Apostel, und sie legten ihnen unter Gebet die Hände auf" (Apg. 6, 5−6).

Die Liebe Jesu, wirksam durch Ihre Hände, befähigt zum Dienst der Krankenheilung. Von Christus wird geschrieben: „Er aber legte einem jeden von ihnen die Hände auf und heilte sie" (Luk. 4, 40); und: „Er legte ihr die Hände auf, und sogleich richtete sie sich auf und pries Gott" (Luk. 13, 13). Auch der Apostel Paulus diente auf diese Art: „Paulus legte ihm die Hände auf und heilte ihn" (Apg. 28, 8).

Wenn wir mit den Kranken und Leidenden Mitleid haben − was ist zu tun? Jesus wußte, daß die Liebe in unseren Herzen uns drängen würde, in

Seinem Namen den Kranken Heilung zuzusprechen, und so hat er uns verheißen: „Denen aber, die glauben, werden diese Zeichen folgen: ... Kranken werden sie die Hände auflegen, und sie werden gesund werden" (Markus 16, 17−18). Wenn Liebe unsere Hände führt, sollten wir diese Hände so oft wie möglich den Kranken auflegen.

Die Taufe im Heiligen Geist wird auch durch Handauflegen mitgeteilt. „Da legten sie ihnen die Hände auf, und sie empfingen den Heiligen Geist. Wie nun Simon sah, daß durch die Handauflegung der Apostel der Heilige Geist verliehen wurde, bot er ihnen Geld an" (Apg. 8, 17−18). Tatsächlich ist der Wert des Handauflegens solcher gesalbten Hände nicht hoch genug anzusetzen; aber es ist eine Gabe Gottes, die sich mit Geld nicht kaufen läßt. „Paulus legte ihnen dann die Hände auf, und der Heilige Geist kam auf sie herab; sie redeten in Zungen und weissagten" (Apg. 19, 6). Die Liebe in Ihren Händen errichtet Kraftstrecken, durch die Sie die Taufe im Heiligen Geist verleihen können.

Händeauflegen kann man auch, um Mitarbeiter am Evangelium zum Zeugnisgeben auszusenden. „Dann fasteten und beteten sie, legten ihnen die Hände auf und entließen sie" (Apg. 13, 3). Doch bevor man Hände auflegt, ist eine bestimmte geistgewirkte Anweisung und Vorsichtsmaßnahme zu beachten: „Lege keinem voreilig die Hände auf" (1. Tim. 5, 22). Beugen Sie sich immer der Führung des Heiligen Geistes und beten Sie ständig um göttliches Unterscheidungsvermögen.

Sie gehören zu Jesus. Christus lebt in Ihrem Herzen, und Seine Liebe ist in Sie hineingegossen worden durch den Heiligen Geist. Sie als Jünger Jesu werden also daran erkannt, daß Seine überwältigende Liebe in Ihrem Inneren fließt. Sie lieben mit Seiner Liebe.

Sie mögen ganz normale Hände haben, vielleicht sogar verunziert mit Warzen und Schwielen. Aber wenn diese normalen Hände mit der Kraft Gottes versehen werden, sind sie gebräuchlich zum Heilen, zum Befreien und zum Austeilen reichen Segens. Wenn Ihre Hände Gott im Gebet und im Lobpreis entgegengehalten werden, werden sie für Ihn äußerst wichtig.

Aufheben heiliger Hände: ein persönliches Bekenntnis zum Lobpreis.

1. „Ferner will ich, daß die Männer allerorts, wenn sie beten, heilige Hände erheben, ohne Zorn und Zweifel" (1. Tim. 2, 8). Mögen die meisten Christen diese neutestamentliche Weisung überlesen. Aber was mich betrifft, so werde ich freudig gehorchen und oft heilige Hände zu Gott aufheben. Hier drückt sich der Wille Gottes aus; ich bin entschieden, den Willen Gottes zu tun!

2. „Denn besser ist deine Huld als das Leben, meine Lippen singen dir Lob. Ich will dich rühmen mein Leben lang, in deinem Namen erhebe ich meine Hände" (Psalm 63, 3–4). Ich will den Herrn loben „mit allem, was in mir ist". Damit ist auch das Aufheben meiner Hände zum Lobpreis meines Herrn gemeint. Nicht nur meine Lippen sollen den Herrn preisen, auch meine Hände werde ich in Seinem Namen aufheben!

3. „Erhebet eure Hände im Heiligtum und preiset

den Herrn" (Psalm 134, 2). Ich weiß, daß im öffentlichen Gottesdienst „alles in Anständigkeit und in der Ordnung geschehen soll" (1. Kor. 14, 40). Ist der Lobpreis Jesu „im Heiligtum" durch das Aufheben meiner Hände in irgendeiner Weise unanständig oder unordentlich? Absolut nicht. Halleluja, dann mache ich es. Wenn ich mich mit anderen Christen im Namen Jesu „im Heiligtum" versammle, dann werde ich meine Hände aufheben und den Herrn loben.

4. „Wie Weihrauch steige empor zu dir mein Gebet, meiner Hände Erheben sei wie das Opfer am Abend" (Psalm 141, 2). Von den Juden wurde als Opfer am Abend ein Lamm gefordert. Nunmehr, durch Jesus, soll ich beständig ein Lobopfer vor Gott bringen (Hebr. 13, 15). *Das Aufheben meiner Hände* im Lobpreis gilt als *Abendopfer,* dem Herrn wohlgefällig!

5. „Meine Hände breite ich aus nach dir, meine Seele dürstet nach dir wie trockenes Land" (Psalm 143, 6). Das Ausstrecken meiner Hände ist ein Zeichen meines rückhaltlosen und ernstlichen Durstes nach dem Herrn Jesus Christus, der als einziger diesen Durst stillen kann. Zu normalen Zeiten mag ein normaler Gottesdienst genügen. Aber ich verspüre einen außergewöhnlichen Durst nach dem Herrn; deshalb strecke ich meine Hände nach Ihm aus!

6. Ich weiß, daß der Herr sich danach sehnt, daß ich meine Hände in Gebet, Lobpreis und Anbetung nach Ihm ausstrecke.

7. „Ich will den Herrn immerdar loben", gerade auch durch das Erheben meiner Hände zu Ihm.

Halleluja!

Danke Gott für deine Hände. Laß sie zu Instrumenten des Guten, des Segens werden. Strecke sie aus, um von Ihm berührt zu werden.

Wenn niemand die Hand ausstreckt,
wird niemand berührt.

Kapitel 9

Handreichen und Berühren durch Mission

Es ist nicht Gottes Hauptaufgabe, in Nordamerika Kirchengebäude errichten zu lassen. Es geht Ihm nicht vorwiegend um literarische Erzeugnisse zum wiederholten Segen für die Gläubigen. Auch nicht um die Produktion von Radio- oder Fernsehprogrammen für Menschen, die so oft Gelegenheit zum Hören haben, das aber durchaus nicht zu schätzen wissen.

Es ist unfair, den immer gleichen Kreis mit Segen zu überschütten, wenn dabei Millionen in aller Welt vernachlässigt werden, die noch auf ihren ersten Segen warten! Es ist unfair, 90 % der Gelder für evangelistische Zwecke Werken in Nordamerika zukommen zu lassen und Gottes Hauptanliegen in Übersee zu übersehen.

Dr. Oswald J. Smith von Toronto stellte die Frage: „Warum sollte auch nur einer das Evangelium zweimal hören, bevor es jeder mindestens einmal gehört hat?"

Wir müssen dem höchsten Gebot gehorsam sein und die Gute Nachricht jeder Kreatur bringen. Wir müssen jede Familie, jede Rasse, jeden Stamm und Menschen jeder Sprache zu erreichen suchen. Es ist töricht und lächerlich, all unser Geld und unsere Zeit für die Evangelisation unter Bekehrten auszugeben, die schon Erreichten aufzusuchen, die Informierten zu informieren, und das Evangelium in den vier Wänden unserer Kirchen zu lagern.

Zwei Missionare, die dem Herrn in China dienten, erzählten folgende wahre Geschichte zum Thema Handreichen und Berühren:

„Eine kleine chinesische Frau, erst seit etwa sechs Monaten aus dem Heidentum bekehrt, kam mit einer dringenden Gebetsnot zur Missionsstation gelaufen. ‚Gerade ist der Doktor aus dem Haus gegangen und hat meiner Tochter nur noch eine Stunde gegeben!‘ sagte sie uns ganz atemlos. ‚Ihr habt mir doch von der Macht Jesu erzählt, Gebete zu erhören. Ich bin gekommen, um euch zu bitten, *gleich jetzt* für meine Tochter zu beten!‘

Wir antworteten: ‚Kleine Schwester, wir knien jetzt mit dir zum Gebet nieder, aber wir möchten, daß du den Herrn um das Wunder bittest, das deine Tochter braucht.‘

Als wir drei hinknieten, betete die Chinesin: ‚Herr Jesus, der Doktor ist gerade aus meiner Wohnung gegangen und hat gesagt, meine Tochter hätte nur noch eine Stunde zu leben. Diese Missionare haben mir von Deiner Macht erzählt, Gebete zu hören und zu beantworten. Herr, das glaube ich auch.

Herr, wenn Du also im Augenblick etwas anderes zu tun vorhattest, schieb es bitte auf und kümmere Dich zuerst um meine Tochter. Sie hat nur noch eine Stunde zu leben! Herr, ich beschreibe Dir mal den Weg zu meinem Haus: Du gehst die Straße entlang, und nach zwei Querstraßen kommst Du an einen Weg. Dann biegst Du links ab und gehst den Weg hinunter bis zum zweiten Haus. Bück Dich unter den Drahtzaun und gehe direkt auf die hintere Veranda zu. Die Tür ist zu, Jesus, aber halt Dich nicht mit Klopfen auf, denn meine Tochter ist zum Aufmachen zu krank. Geh einfach rein, Herr, und heile jetzt bitte meine Tochter. In Jesu Namen, Amen.'

Wir brachen mit ihr auf und gingen zwei Querstraßen weiter bis zum Weg. Dann ging es den Weg entlang bis zum zweiten Haus. Wir krochen unter dem Drahtzaun durch, und als wir die hintere Veranda betraten, flog plötzlich die Tür auf. Die Tochter, der nur noch eine Stunde gegeben worden war, sprang heraus. Sie umarmte ihre Mutter und sagte ihr, daß sie im Nu geheilt gewesen sei!"

Nach meinen eigenen Erfahrungen aus missionarischen Evangelisationen in 30 Ländern war es immer eine große Freude, mit der Botschaft des Glaubens hinauszugehen und die Mengen zu berühren. Diese Heiden werden zu einfachen, kindlichen Gläubigen – wenn sie erst einmal zum Anfänger und Vollender allen Glaubens gekommen sind.

Uns ist aufgetragen, in alle Welt hinauszugehen und das Evangelium zu predigen. Auf 54 Reisen nach Übersee haben Joyce und ich danach gestrebt, zu tun, was der Meister verlangt hat.

Die Bibel stellt klar, daß es die ernstzunehmende Verantwortlichkeit jedes Gläubigen ist, seinen Beitrag zur Weltevangelisation zu leisten. Wir sind in nichts besser als die Heiden. Wir haben nur einige Privilegien. Es ist gut, die Hand zu reichen und unsere Nachbarn in Nordamerika zu berühren.

Jesus verkündete: „Predigt das Evangelium den Armen" (Luk. 4, 18). Zwar haben wir Arme in

Kanada und in den Vereinigten Staaten. Aber nachdem ich die schreckliche Armut in den meisten Ländern der Dritten Welt gesehen habe, schneiden bei einem Vergleich die Ärmsten in Nordamerika immer noch recht gut ab.

Christen, die sich im Gebet und im Geben vom Geist Gottes leiten lassen, müssen immer noch ihre vornehmste Aufgabe in den Unevangelisierten sehen, in den Uninformierten, den Unerreichten in fernen Ländern.

Sie können die Hand reichen und die Verlorenen berühren, die Geringsten und Letzten einer verlorengehenden Menschheit. Sie können es tun im Gebet, indem Sie hingehen und durch Ihre Gaben.

Wenn niemand die Hand reicht,
wird niemand erreicht.

Kapitel 10

Handreichen und Berühren in Indien

Bei unserer ersten Evangelisation in Indien, die in Nagercoil in Tamul Nadu im November 1979 stattfand, wurde ich eines Sonntag morgens eingeladen, in der Kathedrale der Kirche von Südindien zu predigen, einem Gebäude, das 2.000 Menschen faßt. Der Herr segnete den Gottesdienst in reichem Maße. Nachher bat mich der Pastor der Kirche, Reverend Robinson, mit ihm und seiner Frau mitzukommen, um für eine Verwandte zu beten, die von Krebs befallen war.

Sie erklärten, es sei 30 Kilometer weit weg, und die Fahrt würde mit dem Wagen ungefähr eine Stunde dauern. Ich war einverstanden. Zwei unserer nordamerikanischen Teammitglieder begleiteten die Robinsons und mich. Den ganzen Weg zum Dorf entlang, wo wir für die kranke Frau beten sollten, sahen wir die Gesichter der freundlichen indischen Menschen. Die Menschen in Indien sind so zahlreich ... einfach überall scheinen welche zu sein!

Während wir an jenem Nachmittag für die Tante beteten, tauchte plötzlich eine kleine Frau mit neugierigen Augen an der Eingangstür auf. Sie hatte gehört, daß ‚der Evangelist aus der Nagercoil-Evangelisation‘ sich in ihrem Dorf aufhielt, und sie kam mit einem ernsten Anliegen, nämlich ihrem gelähmten Mann. Durch den Übersetzer erzählte sie mir von ihrem Mann. Sie erklärte, wie es kam, daß er seit sieben Jahren gelähmt war. „Evangelist, würden Sie bitte kommen und für ihn beten?"

Der Übersetzer gab ihr meine Antwort: „Ja, natürlich komme ich mit und bete für Ihren Mann."

Eines unserer Teammitglieder protestierte: „Bruder Gossett! Es ist unmöglich, daß wir uns die Zeit nehmen, mit dieser Frau in ihre Wohnung zu gehen! Wir müssen zurück nach Nagercoil zum Abendgottesdienst der Evangelisation!"

Die kleine Frau verstand, worum es ging, und fiel auf die Knie. Mit weit aufgerissenen bettelnden Augen flehte sie: „O bitte, Sir! Kommen Sie bitte in meine Wohnung und beten Sie für meinen Mann. Er konnte so viele Jahre nicht aus seinem Bett aufstehen!" Sie kratzte all das gebrochene Englisch ihres Wortschatzes zusammen, um die Dringlichkeit klarzumachen: „Sie müssen keinen Umweg machen!"

Als ich in ihren flehenden Augen forschte, wußte ich, daß ich ihr die inbrünstige Bitte nicht abschlagen konnte. Ich wandte mich an den Übersetzer und die Teammitglieder und sagte: „Ja, wir *werden* gehen und für diesen Mann beten!"

Ich wurde in das typisch indische Haus geleitet und sah den Mann auf dem Bett liegen. Nach nordamerikanischen Maßstäben hätte man es eher als Brett denn als Bett bezeichnen müssen, so ganz ohne Matratze und Federung.

Gott hatte mir vor der Reise nach Indien befohlen, so zu handeln: „Sprich mutig den Namen Jesus aus in jedem Bereich des Dienstes in Indien."

Ich gehorchte. Ich streckte meine Hand nach unten aus und faßte den Mann an seiner Rechten. „Was ich habe, das gebe ich dir", rief ich. „Im Namen Jesu Christi von Nazareth, steh auf und gehe!" Der Mann reagierte in einfachem Glauben. Er machte mit, als ich ihn vom Bett hochzog.

Zuerst waren seine Schritte wacklig. Dann durchströmte die mächtige Kraft des Herrn seinen Leib, und er wurde mit jedem Schritt stärker. Bald glich er dem Mann aus den Tagen der Bibel: „Er wandelte, sprang und lobte Gott" (Apg. 3, 8).

Das Wunder an diesem Mann wirkte augenblicklich. Die gesamte Nachbarschaft versammelte sich im vorderen Hof. Sie waren vor Staunen erstarrt, als ich den Mann nach draußen geleitete, und sie rannten mit ihm über den Hof, als er das Wunder des lebendigen Christus demonstrierte.

Hätte ich auf die inständige Bitte der liebenden Frau dieses Mannes nicht gehört, und wäre ich nicht zu ihr nach Hause gekommen, hätte dieser Mann immer noch auf diesem harten Bett gelegen. Doch Mitleid und Glaube ließ mich gehen. Ich war Gott gehorsam und sprach im unvergleichlichen Namen über alle Namen diesen gequälten Menschen an. Die jahrelange Lähmung wurde augenblicklich geheilt!

Später erreichte das Zeugnis vom Wunder an diesem Manne die Stadt Nagercoil und wurde Tausenden auf dem Evangelisationsgelände zuteil. Gott wurde verherrlicht. In die Herzen zog Freude ein, als der Beweis für Christi Auferstehung sichtbar wurde. Dieses Wunder bewirkte mehr, als Tausend tote Predigten hätten bewirken können.

Eines Abends, es war in Calicut in Kerala, war ich gerade mit einer starken Botschaft fertig, die Tausenden von Moslems und Hindus die Gewißheit vermittelte, daß durch Jesus Christus, unseren Herrn und Heiland, ihre Erlösung gekommen sei.

Fragen Sie: „Wieviele haben den Herrn aufgenommen und wurden gerettet?" Nur Gott im Himmel kennt die genaue Anzahl. Die Beteiligten an der Evangelisation schätzten, daß nicht weniger als 40.000 Menschen an diesem Abend Jesus aufgenommen hatten! Was für eine unvergeßliche Erfahrung für mich, der ich 33 Jahre dem Gewinnen von Seelen gewidmet habe! Ich jubelte, als ich sah, wie Tausende auf die Botschaft von Gottes Liebe eingingen, offenbart im Tode und Begräbnis, dann in der Auferstehung Jesu Christi.

Plötzlich, inmitten des Jubels, rebellierte Satan gegen den Verlust all dieser Seelen aus seinem Einflußbereich. Er muß den höllischen Dämonen befohlen haben: „An die Arbeit – schnell!" In allen Ecken des riesigen Platzes fingen viele Besessene an, ihre Belastung zu manifestieren. Ich schaute verblüfft vom Podium aus in alle Richtungen: dämonisch Besessene brüllten und fielen zu Boden, wo sie sich wie Schlangen wanden!

Plötzlich galt die Aufmerksamkeit der Menge nicht mehr der Evangelisation und meinem Dienst. Die Aufmerksamkeit war geteilt, und überall schenkte man den dämonischen Aktivitäten Beachtung. Scheinbar gewann Satan die Oberhand. Doch dann fingen eine Handvoll entschlossener römisch-katholischer Nonnen an zu handeln. Ich sah Gruppen von sechs oder acht Nonnen in ihren weißen Trachten von überall her diese dämonisch Besessenen aufheben und sich auf die Schultern legen. Sie trugen diese Leidenden nach vorn und brachten sie zur separaten Fläche vor der Plattform. Als die Nonnen die Ärmsten auf den Boden legten, erfuhren wir auf der Plattform einiges Neues über das Werk von Dämonen. Ich schaute auf die gewundenen und von dämonischer Macht gequälten Leiber und erhob vor unseren Mitarbeitern die Klage: „Seht nur, was der boshafte Teufel macht, wenn er die totale Kontrolle hat!" Das Geheule ließ das Blut in den Adern gerinnen und schien direkt aus der Hölle zu kommen.

Meine Tochter Judy zeigte auf zwei Frauen – eine junge und eine ältere – die sich im gleichen Bewegungsmuster wanden, fast im gleichen Takt. Später erfuhren wir, daß es Mutter und Tochter waren, beide besessen, die dort gleichermaßen unter ohrenbetäubendem Geschrei zuckten.

Als sich schon ein weiterer Bereich des Vorplatzes mit diesen armen, gepeinigten Besessenen füllte, flüsterte mir einer der Mitarbeiter zu: „Keine Sorge, Bruder Gossett, das gibt sich bald wieder."

Doch Jesus sagte nicht: „Laß sie sich beruhigen", als er über dämonisches Wirken sprach. Sein Gebot hieß: „Treibt sie aus!" Auf meiner Plattform, zweieinhalb Meter über den gequälten Menschen, fing ich also an, die Autorität in Anspruch zu nehmen, die mir Jesus selbst gegeben hatte.

Ich rief aus: „Im Namen Jesu übernehme ich Gewalt und Herrschaft über euch Dämonen der Hölle. Ich *befehle* euch in Jesu Namen: Kommt heraus! Ihr üblen Dämonen der Hölle, ich treibe

110

euch im Namen Jesu Christi aus!"

Ich begab mich nicht hinunter in den Staub und brüllte es in ihre Ohren. Nein! Die Herrschaft des Namens Jesu reichte voll und ganz und konnte sehr wohl ausgeübt werden, wenn ich direkt vor der Plattform stand. Die Dämonen hörten meinen Befehl, als ich sie austrieb, und es blieb ihnen nichts übrig, als zu gehorchen. Soviel ich weiß, war jeder dämonisch Besessene augenblicklich befreit!

Gleich wie die See sofort ruhig wurde, als Jesus den Sturm zurechtwies, geschah es in Indien: Chaos und Verwirrung wurden im Nu zu Frieden, und Stille legte sich über das Evangelisationsgelände.

Dann lagen die Menschen entspannt auf dem Boden, als seien sie eingeschlafen. Ich wies die Mitarbeiter und Ordner an, einzuschreiten und ihnen auf die Füße zu helfen. Ich bat sie, die Befreiten beiseite zu führen und ihnen den Weg zur persönlichen Annahme Jesu Christi als Herrn und Heiland zu weisen. Es war wunderbar, ihnen zuzusehen, einst in der Umklammerung von Satans Wahnsinn, jetzt mit ruhigem Gang und mit klaren Augen.

Später wurden dieselben Menschen nach oben gebracht. Ich wollte ihren Bericht von dem hören, was der Herr an ihnen getan hatte. Ich fragte sie, wie sich die dämonische Besessenheit ausgewirkt hatte. Neugeboren, wie sie waren, teilten sie ihre Erfahrungen mit: der furchtbare Lärm im Innern des Kopfes, die Qual Tag und Nacht. Jetzt waren sie frei! Ein Lächeln lag auf ihren Gesichtern. Durch die Kraft des Sohnes Gottes waren sie befreit worden.

Hätte Gott mich nicht mit der Kraft Seines Heiligen Geistes ausgerüstet, hätte ich nicht ohne Furcht angesichts des Aufstandes höllischer Mächte Seinen Namen aussprechen können; wäre der Name Jesu nicht der höchste Name im Himmel, auf Erden und in der Hölle, dann wären diese Menschen vielleicht niemals befreit worden! Durch die Gnade Gottes reichte ich an diesem Abend in Calicut meine Hand, und Tausende wurden berührt!

Später am gleichen Abend sollte noch ein Wunder geschehen. Wenn ich in Indien diene, bete ich gewöhnlich über der ganzen Menge von Kranken. Ich kann dort unter freiem Himmel nicht einzelnen die Hand auflegen, weil ganze Scharen auf Gebet warten. Nie konnten wir ihnen allen durch ‚Handauflegen' dienen. Deshalb betete ich für Gruppen von ihnen, und bat den Vater, durch Seine Kraft ihre Heilung zu bewirken.

Manchmal führt mich der Heilige Geist so, daß ich für besondere Nöte bete. An diesem Abend salbte er mich, die Hand auszustrecken und für hoffnungslos Verkrüppelte in der Versammlung zu beten. Mir verborgen war viele Meter vom Podium entfernt eine Frau, deren Mann sie 135 Kilometer weit zur Evangelisation gebracht hatte. Er war ein reicher Hindu, ein Hausbesitzer, der von der Evangelisation gehört hatte und den Entschluß faßte, seine hoffnungslos gelähmte Frau nach Calicut zu bringen.

Während ich in Glauben und Mitleid die Hand ausstreckte, um den Gelähmten zu dienen, fühlte diese Frau auf dem Autorücksitz ‚eine Kraftströmung' in ihrem Körper, wie sie es beschrieb. Sie fing an, mit ihren Fingern zu wackeln, und sie gehorchten! Genauso ließen sich ihre Beine bewegen. Nach einigen wunderbaren Augenblicken hatte die Frau ihre völlige Gesundheit wiedererlangt!

Sie erhob sich vom Rücksitz des Autos. Ihr genauso begeisterter Mann kam mit ihr die weite Strecke durch die Menge nach vorn zum Podium. Dort wurden sie dem Untersuchungskomitee vorgestellt (zusammengestellt aus Ärzten, Pastoren und Regierungsvertretern), das gründliche Untersuchungen vornahm, um feststellen zu können, was der Herr getan hatte. Ganz bestimmt waren sie von diesem gewaltigen Wunder überzeugt. Die Frau wurde mit ihrem Mann auf das Podium geschickt, wo ich zum ersten Male den Bericht dieses göttlichen Wunders vernahm! Als die Frau vor dem Mikrophon stand und ihr Heilungswunder wiedergab, brach die Menge in Begeisterung aus und pries den Herrn!

Nach der Evangelisation in Nagercoil erreichte unser Büro ein Nachrichtenbrief von Rev. V. A. Joseph, unserem Evangelisationsdirektor in Indien. Im folgenden einige Auszüge aus diesem Brief:

„Nach der Einleitung wurden Evangelist Don Gossett und seine Frau Joyce vorgestellt, die den Halleluja-Chorus sang, bei dem wir die Grenzen der Sprache vergessen konnten und die Einheit in Christus verspürten. Reverend Gossett begann seine Predigt unter der Salbung des Heiligen Geistes, und der Herr gebrauchte diesen Mann in gewaltiger Weise.

Die Menschen wurden von den Auswirkungen verblüfft. Man war überzeugt, daß es außer Jesus Christus keinen anderen Weg zur Errettung gebe, durch Ihn, den Sohn des lebendigen Gottes. Der Heilige Geist übernahm an diesen Abenden die Leitung der Versammlungen, und deshalb erlebte Nagercoil die wunderwirkende Kraft des Herrn.

Tausende und Abertausende wurden von der Liebe Gottes angezogen. Man sah mit größtem Erstaunen die Krüppel gehen, die Tauben hören, die Blinden sehen und andere unheilbare Krankheiten geheilt werden, sogar Kranke, denen vom Arzt keine Hoffnung mehr gemacht werden konnte.

Der größte Arzt des ganzen Universums, Dr. Jesus, war froh und glücklich, diese Stadt besuchen zu können und gemäß der Verheißung Seines Wortes die Kranken zu heilen. Tag für Tag wurden die Scharen zahlreicher, und am letzten Abend wurde die Menge in Nagercoil auf mehr als 100.000 Menschen geschätzt. Die Leute kamen meilenweit, um das Wort Gottes zu hören.

Ich kenne einen Mann, der seinen Sohn brachte, einen blinden Jungen, mit dem er fast 50 Kilometer zurücklegte und den ganzen Weg in einfachem Glauben an Jesus bewältigte. Der Herr ehrte seinen Glauben, und der Junge erhielt das Augenlicht! Preis dem Herrn!"

Hätte dieser Vater nicht in einfachem Glauben die Hand ausgestreckt und seinen blinden Sohn an der Hand geleitet, wäre der Junge wohl immer noch in Dunkelheit.

Jim Larson ist Kommandeur der Flotte der Vereinigten Staaten im Ruhestand und früherer Pro-

114

fessor an der Columbia-Universität in New York City. Er war bei drei Missionsreisen nach Indien Mitglied unseres Evangelisationsteams. Jim war auf der Schlußversammlung der ersten Evangelisation dabei. Hier sein Bericht:

„Zu den Höhepunkten meines Lebens gehört der Anblick der Menge, die dem Ruf zur Errettung bei dieser ersten Versammlung Folge leistete. Ungefähr 8.000 waren an diesem ersten Abend anwesend, und als der Ruf zur Errettung erscholl, sind, wie ich glaube, alle 8.000 aufgestanden, um Christus anzunehmen! Es war einfach unglaublich! Die Menge wuchs von Abend zu Abend, überschritt bei den letzten Versammlungen die 50.000-Marke, und im wesentlichen geschah jeden Abend das gleiche. Die Menschen verhielten sich genau so wie damals, als Jesus persönlich anwesend war. In jedem Gottesdienst nahmen vielleicht neunzig Prozent der Menschen in aller Aufrichtigkeit Christus als persönlichen Herrn und Heiland an. Was von da an geschah, hängt von den Ortsgemeinden ab, da die Nacharbeit ihre Aufgabe war.

Ich habe von der Evangelisation einen Film gemacht und die Heilungswunder photographiert. Am ersten Abend kam ein Mann mit Frau und Kindern nach vorn. Er bezeugte, daß er halb gelähmt gewesen sei und nicht habe laufen können. Der Herr heilte ihn während des Gebets, und er stand vor mir, trat mit den Füßen auf und sagte, er könne jetzt laufen und sich normal bewegen. Er strahlte nur so vor Freude, und seiner Frau und den Kindern ging es ebenso. Der Mann kam an jedem Abend wieder!

Ich hatte die vielen großen Versammlungen von Oral Roberts in den Vereinigten Staaten besucht, auch andere. Aber so etwas wie diese Versammlungen in Indien habe ich nie erlebt. Die Menschen erfuhren eine neue Infusion von Leben durch Jesus. Sie sind begeistert, und ihre Gesichter strahlen.

Es hängt von uns Nordamerikanern ab, diese Evangelisationen zu unterstützen. Das ist mehr als eine Verpflichtung – denn der Herr wird es uns anrechnen, wenn wir es nicht tun –, es ist unsere blanke Pflicht! Der Herr hat Nordamerika auferlegt, das Evangelium in aller Welt zu verbreiten."

Ein weiteres Teammitglied bei uns in Indien war Mr. Marvin Winch, Präsident von ‚Maranatha Realty' in Edmonton in Alberta. Bruder Winch teilt die Sicht gereifter Erntefelder. Hier sein Bericht:

„Ich weiß nicht, wie ich die Atmosphäre bei der Evangelisation von Calicut beschreiben soll. Es war eine besondere Atmosphäre des Herrn. Mir schien, über dem Gelände lagerte eine ‚Wolke der Liebe', vielleicht über der ganzen Stadt. Die ganze Stadt war verändert worden. Überall sprachen die Menschen über die Heilungen. Wir wissen, das ist nichts als die Gnade Gottes. Gott sucht sichtlich Indien heim.

Diese Art Versammlung schien der Vergangenheit anzugehören. Doch die Massen können nicht anders als durch Massenevangelisation erreicht werden. Ich glaube, daß die Massenevangelisation, wie wir sie erlebt haben, die einzige Antwort auf das Problem ist, wie die Hunderte von Millionen in Ländern wie Indien und China erreicht werden sollen. Gott kann ganze Scharen heilen, wenn Er Menschen findet, die bereit sind, bei Seiner Arbeit mitzuwirken.

Als ich die Wirkung des Evangeliums in Indien als Zeuge erlebte, habe ich Gott für jeden gepriesen, den er gebraucht hatte, um diese Evangelisation möglich zu machen. Ich erkannte, daß Gott Kanada und den Vereinigten Staaten Möglichkeiten und Fähigkeiten gegeben hat, die Welt zu evangelisieren. Es hängt von uns ab, den hohen Auftrag zu erfüllen. Ich bin überzeugt, daß Er deswegen die Gläubigen in diesen Ländern geistlich und materiell segnet, und Er wird weiterhin Seine Segenshand über uns ausgestreckt halten, wenn wir im Dienst an anderen unsere Hand ausstrecken."

Ein wertvoller Mitarbeiter drüben in Indien ist Mr. A. S. Pandian, der als Regierungsbeauftragter in Indien seit langem Karriere macht. Die meisten unserer Evangelisationen besuchte er auf eigene Kosten, und er hat uns als Evangelisationsdirektor in Indien beigestanden. Er berichtet wie folgt:

„Die Botschaften des Evangelisten Don Gossett waren inspirierend und berührten die Herzen der Menschen. Er betete jeden Abend für die Heilung der Kranken. Hunderte wurden geheilt und bezeugten es vom Podium aus.

Zu meinen Aufgaben gehörte es, die Menschen zu überprüfen, die Wunder erlebt hatten. Danach durften sie auf das Podium kommen. Ich überprüfte sie einen nach dem anderen und wurde Zeuge der mächtigen Werke Gottes.

Eines Abends sah ich einen alten Mann an der Plattform, der mit Hilfe zweier Stöcke stand. Er tat mir leid, und ich bot ihm einen Stuhl zum Hinsetzen an. Er sagte, er könne weder sitzen noch gehen.

Als Bruder Gossett mit dem Gebet für die Kranken und Verkrüppelten fertig war, beobachtete ich, wie derselbe 83jährige Mann ohne die Hilfe eines anderen oder seiner Stöcke auf das Podium stieg. Er hielt die Stöcke über seinem Kopf!

Er kam nach oben und gab Zeugnis vom wunderbaren Wirken Gottes, durch das er geheilt wurde. Er pries den Herrn und verließ das Podium mit dem Gang eines normalen jungen Menschen.

Ich sah so viele Blinde zum Podium kommen, die zeigen wollten, wie sie jetzt sehen konnten, sogar Kleingedrucktes zu lesen imstande waren. In jeder Stadt hat Gott Seine Diener dazu gebraucht, das Evangelium zu predigen und für die Heilung der Kranken zu beten. Es hat Hunderte von Wundern gegeben!"

Gott hat mir immer wieder gezeigt, daß die Menschen – wo auch immer – darauf eingehen, wenn man ihnen die Hand reicht. Und wenn man die Hand im kostbaren Namen Jesu ausstreckt, werden sie auf herrliche und wunderbare Weise berührt.

Strecken Sie Ihre Hand aus, berühren Sie. Sie *werden* einen anderen Menschen berühren.

Wenn niemand die Hand reicht,
wird niemand berührt.

Schlußfolgerung

„Denn jeder, der den Namen des Herrn anruft, wird gerettet werden. Wie aber sollen sie anrufen, an den sie nicht glauben? Wie aber sollen sie an den glauben, von dem sie nicht gehört haben? Wie sollen sie hören, wenn niemand predigt? Wie aber soll einer predigen, wenn er nicht gesendet ist? Wie ja geschrieben steht: Wie lieblich sind die Füße derer, die frohe Botschaft verkündigen!" (Römer 10, 13—15)

Hätten meine Partner in der Heimat mich nicht gesandt – durch ihre Gebete und Liebesgaben –, ich hätte niemals nach Übersee reisen können, um dort zu evangelisieren. „Wie aber soll einer predigen, wenn er nicht gesendet ist?" sagt das gleiche aus wie: *„Wenn niemand die Hand reicht, wird niemand berührt!"*

Bedenken Sie folgendes, wenn Sie Ihren Dienst durch Handreichen und Berühren aufnehmen:

1. „Ihr habt nicht, weil ihr nicht bittet" (Jak. 4, 2). Wenn wir nicht beten, bekommen wir keine Antworten. Wenn wir beim Handreichen durch Gebet versagen, wird niemand Wunder der Errettung, Heilung und der Versorgung empfangen. Wenn wir den Vater in Jesu Namen bitten, verheißt Er uns, auf dieses Gebet mit machtvollen Antworten einzugehen und uns mit Seiner Freude zu erfüllen.

2. „Geben ist seliger denn Nehmen" (Apg. 20, 35). Wir geben nicht, um zu empfangen; wir empfangen, um zu geben. Im Empfangen liegt Segen, großer Segen; doch Geben bringt sogar noch mehr Segen! Weil wir die Hand reichen und unser Geld

geben, unsere Liebe, unsere Gebete, unsere Zeit, werden andere in aller Welt ‚berührt' durch Gottes Gegenwart und Macht.

3. „Kranken werden sie die Hände auflegen, und sie werden gesund werden" (Markus 16, 18). Wenn wir unsere Rechte als Gläubige nicht in Anspruch nehmen, unsere Hände den Kranken aufzulegen, erhält Gott keine Gelegenheit, Seine Heilungskraft zu erweisen. Je häufiger wir den Kranken in Mitleid und Glauben unsere Hände auflegen, desto häufiger werden wir offenkundige Heilungen erleben.

4. „Siehe, ich habe euch die Vollmacht gegeben … über alle Gewalt des Feindes; nichts wird er euch schaden" (Luk. 10, 19). Jesus Christus hat uns aufsehenerregende Vollmacht über die Werke des Bösen verliehen. Wir müssen die Hand reichen und in Seinem Namen dienen. Dann werden Gefangene der Sünde, der Krankheit, der Dämonen und Angst befreit. Menschen werden ‚berührt' und erleben die Freiheit der Kinder Gottes, Befreiung von Verzweiflung, Sorge und Qual.

5. „Enthalte dem die Guttat nicht vor, der sie braucht, wenn in deiner Macht steht, es zu tun" (Sprüche 3, 27). Es steht in der Macht Ihrer Hand, Gutes zu tun, aber wenn wir uns dessen enthalten und die Hand nicht reichen, werden die Bedürftigen nichts von dem Guten empfangen.

Wem steht das Gute zu? Wir können dem Beispiel Jesu Christi folgen, der sagte: „Der Geist des Herrn ruht auf mir, weil er mich gesalbt hat. Er hat mich gesandt, Armen Frohbotschaft zu bringen, den Gefangenen Befreiung zu verkündigen und den Blinden das Augenlicht, Bedrückte in Freiheit zu

120

entlassen..." (Luk. 4, 18). Den Verlorenen, den Kranken, den Furchtsamen, den Verzweifelten, den Einsamen... es liegt in der Macht unserer Hände, ihnen allen mit Gottes Güte zu dienen.

> *Wenn niemand die Hand reicht,*
> *wird niemand berührt.*